哇

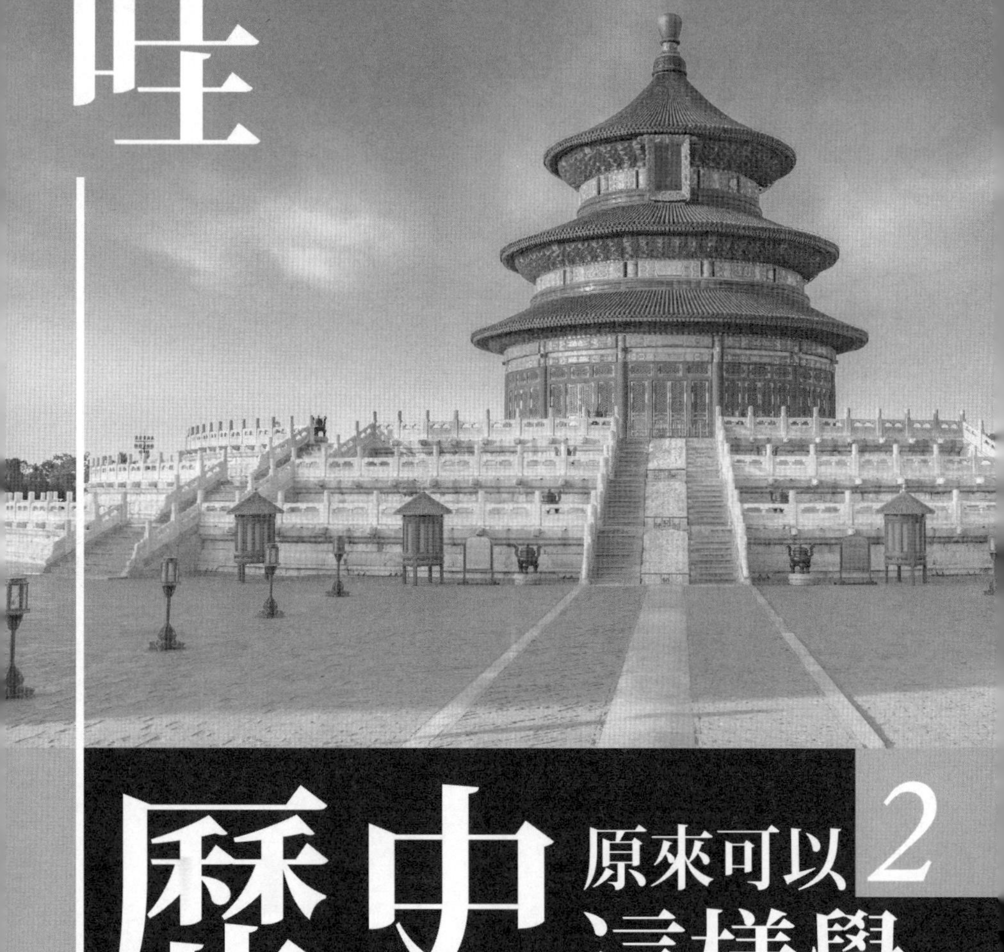

歷史原來可以這樣學 2

隋朝到清朝盛世

五南圖書出版公司 印行

林欣浩／著

目次

國家興盛不靠皇帝節省——

隋朝的開皇之治

一

上本書的結尾，我們講到了北魏孝文帝的漢化改革。孝文帝是鮮卑族人，爲了能更好地統治中原，出於政治、經濟、軍事等方面的綜合考慮，他把首都從今天的山西省大同市南遷到了河南省洛陽市，整個鮮卑族的上層貴族都搬到南邊來了。

洛陽是很好：中原腹地、繁華世界、到處都是好玩的，但孝文帝沒有辦法讓所有人都遷過來，原來的老家得留人，還不能留太差的人。

前面說過，北方游牧民族不斷向南進攻農耕文明，是中國古代史的一大主題，這裡的「游牧民族」不只是一個民族，有時是好多個不同的民族，這些民族間誰也不服誰，好比「淝水之戰」，苻堅失敗的原因之一，就在於他的軍隊是由很多民族組成，其他的游牧民族原本就不服從他，所以兵敗的時候變成了牆倒眾人推。

因爲北方游牧民族有好多個，所以產生了一個有趣的現象：北方民族不斷向南進攻，其中有些驍勇善戰的，他們率先跨過了長城，占領了中原的繁華世界。前面說過，生活環境決定了民族文化。入主中原的游牧民族想要長期待下去，就必須接受農業文明的制度和生活方式，時間一長，這些民族漸漸漢化融入了農耕文明，可是北方還有其他的游牧民族呢！那些游牧民族也想占據中原呀！

結果是，之前進入中原的游牧民族也要以農業文明之力，去承受更北邊的游牧民族的凶悍進攻，風水輪流轉了。

北魏也面臨著這樣的困境。孝文帝入主中原後，他還要抵禦北方其他民族的南侵，因此，在南遷以後，他還得在北方留下一批防守部隊，這批防守部隊因為駐紮在六個軍鎮（軍事據點）裡，因此被稱為「鮮卑六鎮」。（注意，這個時候鮮卑剛入主中原，六鎮尚未漢化，六鎮的士兵還都是強悍的游牧民族戰士。）

這個時候，洛陽出事了。

孝文帝在洛陽推行很激進的「全盤漢化」，不僅語言、服飾要漢化，在制度上也要漢化。漢人的傳統是文官治國，誰文化水準高誰就當官，孝文帝把這個制度也照搬了來。按理說這是個好政策，但孝文帝操之過急，產生了反效果。

六鎮的軍人都是在草原上成長起來、戰場上拚殺出來的「武人」，他們不懂什麼詩書文化，朝廷的選官制度突然一改，六鎮軍人的升官管道就被堵住了。站在六鎮軍人的角度，這件事說起來非常氣人：明明是我們刀尖上舔血打下了鮮卑的江山，可是那些鮮卑貴族們竟然去學異族穿衣、說話，去膜拜異族的祖先，他們還以此為榮，認為這樣才高貴，只有他們才有資格當大官，我們全都不配，這太不公平了！

孝文帝的激進漢化留下了後患。在孝文帝死後，六鎮軍人起兵造反，形成了以六鎮軍人為核心的新政權。六鎮軍人都是職業軍人，他們的身分是世襲的。軍官代代世襲，也就形成一個個很有軍事實力的大家族。前面說過的南方門閥貴族，都是以文化起家，六鎮軍人則是軍事貴族。

這些軍事貴族中的一部分人占據了長安一帶的「關隴」地區，因此又被稱為「關隴貴族」。「關」指的是陝西關中地區，中國歷史上多次出現的「關中地區」就是這裡。「隴」是「關中」旁邊的甘肅隴山地區。「關隴」，大致相當於今天中國的甘肅省東部、陝西省中部。這個地區可不得了，它地處農耕地區和游牧地區的交界處，兼有兩種文明的優勢：關中地區是一個盆地形的平原，農業發達，因此能供養不少人口，經濟實力雄厚，這是農業文明的優勢。這裡又靠近游牧地區，百姓兼有游牧民族的彪悍之氣，作戰勇猛，這是游牧文明的優勢。而且關中四面有天然的地形屏障，易守難攻，適合割據自守。

因為這些有利的條件，在中國歷史上，關中地區常能孕育強大的軍事集團，統一六國的秦國就起源於關中。中國很多王朝喜歡把都城定在長安（今陝西西安），也是因為長安就在關中地區的中心。

關隴貴族，就是當時最強大的軍事集團。

二

現在我們來看一下全中國的整體情況。

這時的中國正處於格局混亂之中，分裂成了南、北兩個部分。統治北方的是像北魏這樣的游牧民族政權，統治南方的是漢人政權。

那時南方政權的權力都掌握在一些世襲的大貴族、大門閥手裡，稱爲「門閥政治」，這是一種非常落後的政治制度。

在門閥政治下，權力是靠血緣繼承來的，不是靠實力選拔出來的，那麼當官的就無需好好工作，也不需要做出什麼政績。不做正事了，那去做什麼呢？人類除了要滿足物質欲望之外，還有精神追求，精神追求的最高境界是藝術和哲學——換句話說，就是美和眞理，南方的門閥貴族們最熱衷的就是這兩件事，他們詩文歌賦的水準當時是全國第一。上本書介紹過的大書法家王羲之、大畫家顧愷之，他們都生活在南方，南方的貴族還熱衷於研究玄學和佛學，這兩門學問都屬於哲學的範疇。

當官的都去研究藝術和哲學了，那誰來管理國家呢？沒人管理國家，這國家怎麼能好呢？不管理國家就算了，可怕的是這些人還在不斷侵蝕國家的利益。

古代中國在大部分時期都是按照戶籍收稅。戶籍裡登記了多少人，官方就按照多少人來收繳稅賦。為了不讓百姓脫離戶籍而逃稅，國家要定期清查人口。門閥貴族都是大地主，他們把百姓圈在自己的土地上，讓他們為自己工作，卻不讓他們登記戶籍。這樣，門閥地主就把本該交給國家的賦稅收入了自己的口袋。

當時南北地區的人口數量差距不大，可是到了南北朝末年，北方戶籍上的人口數字竟然是南方的十倍，這就意味著北方稅收是南方的十倍，國家的經濟實力是南方的十倍，這兩個政權要是打起來，誰勝誰負不是很明顯嗎？而且南方的門閥貴族都是熱衷於詩詞歌賦的文化人，他們瞧不起舞刀弄槍的武夫，所以南朝的武將和士兵地位低下，軍事實力十分差勁。

北方呢？北方游牧民族的漢化可以說是個「仿冒品」，是從南方模仿來的，比如：孝文帝因為模仿得不夠好，引起了鮮卑六鎮的造反。但模仿也有好處，北方政權沒有南方門閥社會的痼疾，上文中的那些弊病都沒有，一旦漢化完成了，制度反而比南方更優越，比如：北方文人不擅長寫詩作畫，但熱衷於實用的學問，上本書介紹過的地理學著作《水經注》和農業學著作《齊民要術》，都是北方人的作品，顯然，這些實用的學問對國家的好處更大。

國力的消長，改變了政治的格局。在南北方實力相近的時候，誰都打不過誰，中國只能陷入長久的分裂。隨著北方政權逐漸漢化，南方門閥社會不斷墮落，雙方的實力差距越來越大，大到一定程度後，強大的北方已經具備了統一全國的實力，擔當統一重任的，便是軍事實力最強的關隴貴族。

隋朝的建立者楊堅，他的家族就是關隴貴族中最強的一個分支，在建立隋朝前，他是北周的重臣，他的女兒楊麗華是北周皇帝宇文贇的皇后。

宇文贇這個人貪圖玩樂，生活十分荒誕，二十二歲就暴病身亡，繼承皇位的小兒子只有七歲，按照制度，國家大事由皇后楊麗華代管（小皇帝非楊麗華親生），可是這時的楊麗華也只有二十歲，還是個年輕的姑娘，因此國家大權實際上落到了楊麗華的父親楊堅的手裡，再加上自家門閥很有實力，楊堅取代北周也就是自然而然的事了。

楊堅是個很有才幹的人，他既熟悉漢學，精通「儒表法裡」的治國祕訣，又能認清時勢，了解門閥社會的政治現狀。他一邊用「儒表法裡」的辦法治理國家，一邊拉攏全國各地的門閥貴族。有了各地門閥的支持，楊堅最終消滅了南朝的漢人政權，統一了中國，建立了新的王朝。

楊堅的父親是「隨國公」，楊堅繼承父親的爵位，在當皇帝前也是「隨國公」。後來，楊堅覺得「隨」字隨著別人走來走去的不穩定，於是就把字裡的「辶」去掉，改成了「隋」，楊堅建立的王朝，史稱「隋朝」。

三

前面在講「文景之治」時說過，古代的盛世大多發生在大王朝剛剛統一的時候，因為經過之前的戰亂，舊的貴族被推翻，他們占有的土地和財富被重新分配給百姓，社會的貧富差距得到極大的緩和；又因為戰亂，大量的人口死亡，人口對土地的壓力也緩解了。新的統治者只要採用低賦稅的方式治理國家，國家的人口和生產力就可以得到快速發展，從而出現一個所謂的「治世」或者「盛世」，隋朝初年的「開皇之治」就是這麼產生的。

從東漢末年軍閥割據到隋朝統一中國，幾百年來中國長年處於分裂的狀態。各個政權之間不斷交戰，朝代更替頻繁，時局混亂，百姓的生活十分困苦。

即便在和平年代，百姓的生活也好不到哪裡去：在南方的門閥社會裡，官員們只關心藝術和哲學，不用心務實，老百姓的日子自然好不了。南朝最後一個皇帝陳叔寶不僅自己喜歡玩樂，還拉著政府高官和他一起玩。古代的「宰相」相當於今天的行政院長，本應該是總理朝政、統籌百官的關鍵人物，結果陳叔寶拉著宰相天天吟詩作樂，有些國家大事甚至讓嬪妃們去處理，這樣子國家會好嗎？

陳叔寶喜歡詩詞歌賦，他作了一首〈玉樹後庭花〉，描寫嬪妃嬌媚的神態，用詞香豔。作詩是不犯法，可是作爲皇帝，把全部心思都用在寫詩上了，這不是禍國殃民嗎？晚唐時，大唐王朝已經從強盛走向沒落，國力一天不如一天。有一天晚上，大詩人杜牧聽到南京秦淮河岸邊的酒家裡，歌女正在彈唱這首〈玉樹後庭花〉。他一下子想到，當年的南京正是陳叔寶的故都，陳叔寶就是在〈玉樹後庭花〉的紙醉金迷中走向亡國的，連結他自己的處境，同樣的末世、同樣麻木的權貴、同樣的歌聲又在同樣的地方唱出來，這大唐要亡啊！他非常感慨，寫下了著名詩句：「商女不知亡國恨，隔江猶唱〈後庭花〉。」〈玉樹後庭花〉因此成了亡國之音的代表。

北方的百姓也好不到哪裡去。早期有各種游牧民族不斷入侵、互相攻伐，百姓飽受戰火之苦。游牧民族習慣游擊劫掠，不習慣保護農業生產，因此就算暫時不打仗，百姓的日子也很苦。後來游牧民族開始進行漢化改革，但是漢化過程非常緩慢，而且時有反覆，有時好政策還會被改回去，國家也是亂多治少。

楊堅之所以能統一中國，就是因為他體認到了當時社會的問題所在：北方政權的問題是漢化政策不夠澈底。楊堅是堅定的漢化擁護者，而且還懂得「儒表法裡」的統治祕訣。統一中國後，楊堅一方面大肆宣揚儒家道德，減輕賦稅，鼓勵農業生產；另一方面採用嚴刑峻法，規範社會秩序。南方政權的問題是落後的門閥政治。楊堅在完成統一後，採用各種手段一點點削弱門閥的勢力。門閥貴族不是靠血緣當官嗎？楊堅進行改革，嘗試推行科舉制度。在科舉制度下，選拔官員不看家族背景，只看學問水準。

他還花了很大力氣整頓戶籍，也就是所謂的「大索貌閱」。「索」是搜索的意思，「大索貌閱」就是大規模地搜查天下的人口，而且檢查時要把本人叫來，端詳對方的相貌，避免百姓用謊報年齡、性別的方法逃避賦稅。透過這個方法，把很多被門閥庇護的百姓重新登記在戶籍上，既打擊了門閥，也壯大了國家實力。

簡而言之，魏晉南北朝時戰亂頻頻，統治者犯了很多錯誤。楊堅統一中國後，終止了戰亂，糾正了這些錯誤，就像「文景之治」一樣，隋朝初年也符合「前一時期百姓太慘，此一時期統治者基本沒犯錯」的條件，因此出現了「開皇之治」。

但是在「開皇之治」的背後，國家依舊隱藏著危機：就是那陰魂不散的門閥制度。門閥貴族從東漢末年以來不斷發展壯大。到了隋朝的時候，國家的大部分土地和人口都屬於門閥，大部分官員都出自門閥，門閥和門閥之間還互相聯姻結親，關係盤根錯節，一時間不可能徹底消滅。說到底，楊堅的家族也不過是眾多門閥中的一家，跟整個門閥社會相比，他自己的實力還差得太遠。想要改變門閥社會急不得，只能一步一步來。

他沒完成的事業，需要他的兒子楊廣繼續完成。

做了好事亡了國——隋朝的滅亡

楊堅的兒子叫楊廣，他在歷史上非常有名，通常被稱爲「隋煬帝」。

「煬」是楊廣的諡號，前面說過，諡號是皇帝死後，後人替他取的名號，用來概括君王的一生，比如：諡號「武」的帝王，大都是武功卓越，打過大勝仗；諡號「文」的帝王，通常治理國家很有功績，或者本人學問水準很高，楊堅就諡號「文」，被後人稱爲「隋文帝」。

隋煬帝的「煬」是個極壞的字眼，是只有暴君才能得到的評價，因爲楊廣是隋朝最後一個皇帝，他死後隋朝也滅亡了，選諡號的工作就交給了唐朝的君臣，唐朝搶了楊廣的天下，自然也就不會用什麼好字了。

楊廣的確不是一個好皇帝，他對全國百姓帶來了深重的苦難，但是，傳統史書對他的批評有一些問題。儒家歷史學者的邏輯是這樣的：儒家講道德，認爲皇帝只要遵守儒家道德就能治理好國家。之前楊堅治理得那麼好的國家，被楊廣弄亡國了，問題出在哪裡呢？那肯定是因爲楊廣沒遵循儒家道德啊！儒家道德最強調的是「禮」，那麼儒家學者在總結楊廣亡國經驗的時候，就著重尋找他逾越禮制的一面。在儒家倫理中，最不守禮的行爲就是不孝順和亂搞男女關係了，所以在我們的印象裡，隋煬帝既忤逆又荒淫。傳說他謀害了自己的親生父親，又說他後宮無數，全國各地都是他的行宮和宮女，甚至霸占父親的妃子。他下江南的時候，逼迫妙齡少女在岸上爲他拉船，他就爲了在船上看樂子，私生活很混亂。

其實楊廣的私生活並沒有那麼不堪。謀害親生父親的說法沒有足夠的史料支持，他也並不酷愛女色，因爲他的子女數遠少於歷代帝王的平均數，史書上記錄在案的嬪妃數量也極少。至於逼民女拉船云云，其實是明代小說虛構的情節，史書上根本沒有記載。楊廣也不是不理朝政的昏庸皇帝，他從小受到良好的教育，非常喜歡讀書，文化水準很高。在沒當上皇帝之前，他主持編纂過規模龐大的文集；在當上皇帝以後，他勤於政事，前期把國家治理得很好。總之，楊廣既有抱負也有能力，統治前期稱得上是英明君主。他最後把國家弄得一團糟，不是因爲他的私德問題，也不是因爲他的能力差，而是因爲其他的原因，我們接下來慢慢講。

楊廣對政治的見解很高明，他和他的父親一樣，認識到門閥貴族是這個國家最大的問題。楊廣登基後，決心用一個大工程來把這個問題解決掉。

前面說過，爲什麼皇帝要依賴一大堆官員爲他管理地方事務呢？那是因爲中國的面積太大了，交通又不便，從中央到地方傳達一條命令要很長時間，讓中央來直接管理地方事務是不現實的。那些門閥貴族之所以敢向皇帝挑戰，就是因爲他們在地方有很強的勢力。中央管不了的地區，他們近水樓臺都管了。換句話說，如果能縮短從中央到地方交通所需的時間，也就意味著加強了中央對地方的控制能力，也就可以削弱地方門閥的勢力，再想處理掉門閥就更容易了。

楊廣要做的大工程，就是解決中央到地方的交通問題。關隴地區的中心是長安，關隴貴族的大本營自然也在長安，隋朝的首都，一開始也是長安，但是楊廣決定把首都遷到洛陽。

我們打開中國地圖，先找到長城這條線。長城以南，一直到長江流域這一片土地，是當時最主要的農業生產區域，也就是經濟最發達的地區。長安城位於這個地區的西北角，比較靠邊，而洛陽，正好位於這個地區的中央。

首都位於地圖中間，可以減少從首都到全國各地的時間。但這還不夠，還應該加快交通速度，一種辦法是修「高速公路」，在古代叫做「馳道」，是一種非常平整的馬路，馬車可以走得很快，但是馬車的速度再快也有限，眞正高效的運輸方式是水運。

物理學告訴我們，限制運輸能力主要有兩個因素：一個是交通工具前進時產生的阻力，如：拉車的馬匹就負責克服車輛和地面的摩擦力；一個是交通工具的承載能力，如：對馬車而言，你的貨物不能把馬車壓壞了，不能把路面壓塌了。

對於水運來說，以上兩個因素都有巨大優勢。船在水中受到的阻力比馬車在路上受到的摩擦力要小很多；船隻不像馬車那樣，有車軸、車輪等薄弱結構，能承載的貨物也要多得多，而且透過「在順風時揚帆，在逆風時收帆」的辦法，船隻還可以充分利用免費的風能。

總而言之，在古代，水路運輸相比陸路運輸有著絕對的優勢。如果能把全國的陸路運輸改成水路運輸，那就相當於掀起了一場運輸革命。然而中國的地理特點是西高東低，主要的幾條河流——海河、黃河、淮河、長江、錢塘江等，都是從西流向東，在地圖上都是橫著的。想要讓河流變成全國的運輸網，就必須從南北方向聯通這五條河流。其實早在春秋時期，中國人就在朝著這個方向開鑿運河。斷斷續續一直在修，到了楊廣統治時期還差很多沒修好，是楊廣一口氣把剩下的都修好了，這就是「隋朝大運河」。

看隋朝運河示意圖，你會發現隋朝大運河形成了一個橫過來的「人」字。你說既然是南北貫通的運河，爲什麼不是直上直下的，中間還要有一條折線呢？這個折線就是爲了遷就洛陽，洛陽正好位於「人」字的頂端。

元、明、清三朝的首都不在洛陽，改在今天的北京市了，所以元代以後的運河也就沒有必要再有「人」字的這一折，爲了運輸方便，改成直上直下的了。

你看中國地圖上的「京杭大運河」，就是一條豎線，是南北直上直下的。

二

前面說過，南北朝以後，中國的經濟重心就開始南移，南方的糧食產量逐漸增多。楊廣修建大運河最直接的好處，就是可以把南方的糧食運到洛陽，解決了首都吃飯的問題，大運河的好處還不只如此。

我們講過商業對國家的貢獻：商業其實也是一種生產，而且生產力非常可觀。商業活動又嚴重依賴於交通，所以有一種說法，叫做「要致富，先修路」。大運河就是古代的商路，在大運河沿岸，出現了很多發達的商業城市，國家和人民都受益良多。

大運河還加強了中原抵禦北方游牧民族的能力。中國古代最大的軍事威脅一直來自於北方，中原王朝總要在北方陳以重兵。偏偏從魏晉南北朝開始，中國的主要產糧區轉移到了南方。假如沒有大運河把南方的糧食源源不斷地運到北方邊境，中原王朝抵禦北方的軍事能力就要大打折扣了，北方戰爭為中國人民帶來的負擔會更加沉重。而像宋、明這樣長期和北方作戰的王朝，它們的命運就要改寫。

最重要的，是大運河還嚴重打擊了沿岸的門閥勢力，我們用文雅點的話說，這叫「大運河加強了中央對地方的控制力」，用直接的話說：楊廣所屬的關隴集團擁有全國最強的軍事實力，說揍誰就揍誰。過去是苦於中國面積太大，行軍成本太高，才出現各地的門閥勢力敢和中央挑戰的情況。現在，大運河沿岸的門閥誰敢說個不字，明天中央軍坐著戰船就殺來了。大運河途經中國經濟最富庶的地區，大運河沿岸搞定了，全國也就差不多都踏實了。大運河的意義是遠超時代的。

我們今天常說「天下大勢，分久必合，合久必分」，常說中國自古就是一個統一的多民族國家，好像「統一」是中國歷史的常態。其實假如我們是一個隋朝人，站在隋朝往前看的話，中國統一的時間並不比分裂的時間長：西周統一近三百年，結果東周就分裂了五百多年；兩漢統一四百多年不錯了吧！兩晉南北朝又分裂了三百多年。

在隋朝人看來，國家剛經歷了數百年的長期分裂，如何把多年分裂的國家重新凝聚在一起，是隋朝的一項重要任務。大運河使得中央更容易控制地方，也就大大減少了中國再次分裂的可能。此外，大運河還加強了中國各地的交流，減少了地區間的文化隔閡，這也阻擋了分裂的趨勢。從隋朝之後，中國古代史上統一的時間明顯長於分裂的時間，統一從這時起才成爲了中國歷史的常態。

大運河的影響還有更多。

大運河的建成，改變了中國的政治中心。在宋朝以前，中國的政治中心一直在西北，大部分王朝都把首都定在長安。其中的原因前面說了，長安所在的關中地區民風彪悍、易守難攻，是很多王朝的發源地。但是從宋朝開始，歷代王朝的首都不再選擇西北地方，而是改在大運河沿線：宋朝的開封、元、明、清時的北京都是如此。這是因爲宋朝以後，南方成了中國糧食的主要產區。歷代王朝選擇將首都建在運河沿線，是因爲這樣做能得到南方的糧食供給。出於這個原因，不位於運河沿岸的長安就被拋棄了。

簡而言之，大運河是中國歷史上最有價值的大型工程，對國家統一、繁榮經濟、增強國力都有極大的好處。這一點古人也明白，隋朝之後有很多人，包括唐朝人都高度讚揚過隋朝大運河，直到今天，中國人仍舊享受著大運河帶來的好處。

這麼看來，隋煬帝楊廣其實是辦了一件利國利民、功在當代、利在千秋的大好事，值得後世子孫永遠紀念、永遠感謝，可是，生活在楊廣時代的老百姓不會這麼想。

剛才我們列舉了大運河那麼多的好處，又說從春秋時候起，中國人就開始修大運河了，那爲什麼修了好幾百年都沒有修好呢？楊廣之前的皇帝們都是傻瓜嗎？都不知道修運河的好處嗎？

不是的，他們不是傻，而是心有餘而力不足。修大運河，相當於要跨越中國南北，硬刨出一條河來，也不管中間有山還是有丘陵，一律全都推平了、鑿開了，這可不是開玩笑的事，哪怕放到今天都是需要舉國動員的超大型工程，對於只能靠人力的古人來說，這個工程龐大到不可想像，楊廣之前的皇帝們不是不挖，是真心挖不動、挖不起。

那楊廣怎麼就挖成了呢？這和他的性格有關。

三

楊廣這個人很有學問，也勤於政務，從這個角度上看他不算是一個昏君，但他有性格上的缺陷，我爲這種性格缺陷取了一個名字，叫做「秦皇漢武病」，得了這種病的皇帝和秦皇、漢武一樣：身處盛世，前半生非常順利，使得他過於自信，高估了自己的能力。這種人從小生活在貴族家庭裡，熟讀歷史，志向遠大，他們不滿足於單純的物質享樂，而是要利用手中的權力，做一番名垂千古的大事業。結果你也知道啦！因爲野心太大，不體恤民力，他們最後都玩過火了。

楊廣也得了這個病。他出身皇室家庭，受過良好的教育，能力很強，但心氣也很高。他父親楊堅創造了「開皇之治」，國家已經非常強大。楊廣的治國能力不遜於楊堅，楊廣剛即位那幾年，隋朝國力更是不斷地往上漲。唐太宗的「貞觀之治」有名吧？楊廣的鼎盛時期，全國人口是「貞觀之治」時的三倍。當時的大隋帝國繁榮昌盛，包括北方游牧民族在內的周邊國家紛紛臣服，楊廣已經創造了數百年來未曾有過的盛世王朝。

遇到這樣的年代，也怪不得楊廣心氣過高了。他要當新一代的秦皇、漢武，於是在全國開展了一系列超大型的工程，其中最重要的就是大運河。修運河原本是需要幾代人才能完成的偉業，可是心氣太高的楊廣非要在自己這輩就修好，不管花多大的力量，動員多少人，加班超時也要建成！

結果是什麼呢？結果是大運河如期建成，但是以無數百姓的血淚和驚人的國力爲代價，國家經濟遭到了極大的破壞。

但楊廣還不只是修大運河，他還修長城，修馳道，他遷都到洛陽，還在洛陽大興土木修建宮殿；他還多次出巡，每次都攜帶規模龐大的隊伍，甚至攜帶整支軍隊。他遊江南時修大龍舟，沿岸建行宮，這些工程累加在一起，逐漸超過了隋朝國力能夠承受的極限。一旦超過這個極限，國家馬上就出現內憂外患，崩潰就在眼前了，可是楊廣這麼蠻幹還不夠，他還要做古往今來最花錢的一件事：打仗。

當時隋朝周邊國家基本全都臣服了，連一直最難搞定的突厥都俯首稱臣，其實沒多少仗可打了，偏偏在中國的東北地區，有個叫做高句麗的國家表示不服，幾次三番入侵騷擾。楊堅的時候，隋朝就和高句麗打過仗，結果吃了大虧，到了心比天高的楊廣這裡，那不用說，必須得找回面子啊！

一場龐大的東征開始了。

隋朝的軍力遠強於高句麗，這場遠征本可以輕鬆取勝，但是楊廣堅持御駕親征。他既不懂軍事又極度驕傲自滿，在遠離前線的地方胡亂指揮，不許武將隨便行動。高句麗軍隊聲稱要投降，楊廣便以天朝大國的姿態下令停兵，結果高句麗軍修補好了城牆，毀約再戰。如此幾次三番地蠻幹，這戰爭隋軍怎麼能贏呢？在隋軍的一連串失誤和高句麗軍的頑強抵抗下，隋軍發生了大潰敗，楊廣一敗塗地，被趕回老家了。

這個時候，就看出楊廣個性上的缺陷了。

插一段題外話，我們作爲普通人，平時生活總有受氣的地方，對吧？走在大街上被人罵一句不敢還嘴啊！出門辦事被人欺負啊等等，遇到這些情況，有些人會想：要是我有權、有地位就好了，我權勢濤天見誰滅誰，以後就再也不會受氣了！

這麼想，就太幼稚了，因爲人生氣、不生氣這件事，和心理預期息息相關。你預期自己應該受到多大的尊重，結果沒得到，你就會覺得被冒犯了；如果你一開始就降低了預期，把自己放到一個很卑賤的位置上，那遇到同樣的事情可能就不會生氣了。舉個簡單的例子，一場考試，一個平時總不及格的學生考了八十分，高興得不得了，因爲這個分數超過了他的預期；另一個好學生考得更高，考了九十五分，結果卻鬱鬱寡歡，因爲他對自己的預期原本是一百分。你看同樣的遭遇，只因爲之前的心理預期不同，心情是完全不同的。

地位高的人對生活的期待也高，但容忍度很低，一般人不生氣的事他會生氣。說白了，他們平時一帆風順，趾高氣揚慣了，我們一般人可以忍受的小挫折，他們遇到了就會覺得氣憤難平，不當場把這件事處理了，他心裡這道坎就過不去。所以我們看新聞，會有一些有錢有權的人爲了雞毛蒜皮的事情犯罪，你覺得他傻：放著好日子不過，自尋煩惱嘛！其實不是的，他是被自己對生活的高預期綁架了。

當然，也不是說所有地位高的人都是被人踩一腳，就會去殺人全家的狂魔，如果有受過良好的教育，這個脾氣是可以壓下去的，這就是所謂的「涵養」，問題是楊廣是個缺乏涵養的人，他愛面子，臉皮薄，從小都沒受過挫折，他的抗壓能力和忍耐力都很差。

隋朝鼎盛的時候不是四海臣服，萬國來朝嗎？在外國人來的時候，楊廣讓人在首都的大樹上纏繞貴重的絲綢，外國人吃飯一律免費，還跟人家吹牛說：「我們中國人就這樣子，吃飯都不收錢！」打腫臉充胖子，這就是楊廣心理素質差的表現：極度愛面子。這麼一個愛面子的人，親自攻打一個根本看不上眼的小國，還兵敗如山倒，他心裡能接受嗎？必然不能，所以楊廣的選擇是，繼續招兵買馬，繼續打！

打仗是歷史上最花錢的事。楊廣之前修大運河、修長城、修宮殿、遠征高句麗已經讓國家處於經濟崩潰的狀態，根本無力再供他折騰。當他下達再次東征的命令後，無論普通百姓還是上層門閥貴族，全都叫苦不迭。等第二次東征的大軍到達邊境的時候，一支強大的關隴門閥家族起兵造反，第二次東征被迫中止。

隋朝王室原本就屬於關隴門閥的一支，關隴貴族是他們家最親密的支持者，關隴貴族敢造他的反，說明楊廣的統治已經失去最重要的支持，隋王朝已經風雨飄搖了，可是，楊廣在鎮壓了反叛之後，又要進行第三次東征……

這就是「秦皇漢武病」病入膏肓的表現，把之前積累的資本花光了，還是沒有醒悟過來，不就只有滅亡一條路了嗎？

第三次東征時，朝野上下怨聲載道。大軍開到邊境，高句麗國王寫了一封信表示投降。楊廣拿到這封信後，這位玻璃心的帝王總算是有了個臺階下，這才班師回朝。其實，高句麗國王是故技重施，這次仍舊假投降，隋軍一撤兵他就不認了，但這時的楊廣已無力再次征伐，在回師的路上，他的遠征軍就遭到了民軍的公然襲擊。此後不久，隋朝就在遍地的叛亂中滅亡了。

前面說過，南北朝時期的中國是門閥社會，大門閥控制著中國的權力命脈。關隴門閥在當時的軍事實力最強大，出身關隴門閥的隋朝被推翻了，那麼，新的贏家會是誰呢？

他。打個比方，這就相當於有一個美國留學生，跑到北京和中國人辯論《四書五經》，結果沒有一個人能駁倒他，這水準可就非常驚人了。

等玄奘回國的時候，已經是名滿天下。恰恰就是在他居住印度的這段時間，大唐帝國征服了突厥，使得他回國的旅程變得十分順利。回國後，玄奘受到了李世民的隆重接見（但還是沒有「御弟」那回事），他在李世民的安排下當了京城大寺的住持。此後，玄奘花費了畢生精力翻譯從印度帶回來的眾多佛經。因爲佛學造詣深厚，玄奘翻譯的佛經品質很高，直到今天，很多佛經都以他翻譯的版本爲最佳。

降服突厥，這是李世民的武功；玄奘譯經，這是李世民的文治，以此爲標誌，李世民的「貞觀之治」達到了高峰，舉國上下都是一派繁榮景象。

沒想到，唐朝滅亡的種子也在此時被埋下了。

四

這個滅亡的種子，就是「玄武門之變」。李世民的玄武門之變對唐朝歷史開了一個很壞的頭，他公然破壞了「嫡長子繼承制」。

什麼叫「嫡長子繼承制」呢？中國古代重男輕女，一個男人可以同時擁有很多女性伴侶，但這些女性的地位是不同的。中國歷史上大部分時期的婚姻制度，可以稱爲「一夫一妻多妾制」，也就是說，一個男人只能有一個「妻」，但可以有很多「妾」，妻和妾的地位有天壤之別：妻就是我們現代意義上的「老婆」，擁有全部的人身權利；妾的身分則相當於奴婢，沒有人身權利，可以被隨意買賣、贈送、逐出，妾甚至比她們生的孩子地位還低。《紅樓夢》裡的趙姨娘就是妾，有一次她訓斥自己的孩子，被窗外的王熙鳳聽見了，王熙鳳立刻把趙姨娘罵了一頓：「（你的兒子）現是主子，……橫豎有教導他的人，與你什麼相干！」爲什麼趙姨娘連自己的親生兒子都不能訓斥呢？因爲趙姨娘的兒子是家裡的少爺，趙姨娘卻是奴婢，奴婢沒有資格訓「主子」。

儒家社會最講究等級秩序，對妻和妾的區分非常嚴格。在我們的印象裡，妻和妾好像都是古代男人的附屬品，男人想怎麼樣就怎麼樣，其實很多朝代都明文禁止丈夫把妻變成妾，或者把妾變成妻，違者判刑，因爲這破壞了主僕關係。

皇帝的妻是誰呢？自然是皇后了，其他的各種嬪妃，就相當於「妾」，地位和皇后有著天壤之別；妻和妾所生的孩子地位也截然不同。妻生的孩子，稱爲「嫡出」；妾生的孩子，稱為「庶出」，嫡出子女的權力要遠遠大於庶出子女，比如：在繼承問題上，嫡出兒子裡年齡最大的，擁有最優先的繼承權，哪怕嫡長子能力不如其他兒子，甚至是個混混、傻瓜，家業也只能給他，這就叫「立嫡以長不以賢」，嫡長子繼承權優先，這就是「嫡長子繼承制」。

嫡長子繼承制是中國古代非常重要的繼承制度。在歷史上，出現過很多次皇帝為了廢立皇后和群臣吵架的事情：皇帝說我想廢掉舊皇后立一個新皇后，群臣不同意，天天與皇帝吵架，弄得朝政不穩。我們以現代人的思維去看這事會很奇怪：皇帝都是君臨天下的人了，皇帝最寵愛哪個女人，這種家事還需要大臣來管嗎？皇帝後宮裡的事，臣子們管那麼多幹嘛？

原因就在於：廢立皇后不是皇帝喜歡誰、不喜歡誰的小事，而是改變繼承順序的大事。皇后變了，皇位的繼承人也就改變了，這一變就要動搖國本，大臣們當然不同意了。

李世民之所以發動玄武門之變，是因為他雖然是嫡出，卻不是長子。按照「嫡長子繼承制」，只要大哥李建成不死，他就不能繼承皇位。李世民沒有辦法，只能用軍事政變的手段強行破壞這個制度。他這麼做，用現代的話說，是他破壞了皇室繼承制度的「程序正義」。

什麼叫「程序正義」呢？「程序正義」是相對於「結果正義」來說的。比如我們在馬路上抓了一個人販子，人販子喪盡天良啊！太可恨了，我們恨不得狠狠揍他一頓，「揍他一頓」對於我們來說就是「結果正義」，是一件正確的事，但是它不符合法律上的「程序正義」。要符合「程序正義」，我們就要保護這個人販子的人權，不能打不能罵，哪怕我們親眼看見他販賣人口了，在法院審判之前，他也不是罪犯，而是受保護的「嫌疑人」。

在成熟的法制社會裡，程序正義通常要大於結果正義，也就是說，假如法院經過調查，發現沒有足夠的證據證明這個人販子的罪行，那就算很多人認定他是罪犯，也得把他放了。爲什麼要這麼做呢？因爲結果正義是一個非常主觀的事，每個人的立場不同，他眼中的「正義」就不同。比如對於我們來說，結果正義是當場打死那個人販子，但是對於那個人販子來說呢，他眼中的結果正義是自己逍遙法外。假如我們認爲自己所相信的結果正義比其他人的結果正義更正確，那唯一貫徹這種「正義」的辦法只能是暴力，最終這樣就會產生一個充滿私刑的社會：誰有槍，誰的實力強，誰就能貫徹自己所相信的正義，這就是一個毫無秩序可言的暴力社會了。

所以，結果正義聽起來很美好，但是不具有可操作性，唯一能控制、能操作的，只有程序正義。貫徹程序正義，是要人們事先制定一套儘量完善的規則，用這個規則去維護社會秩序，這規則當然會有漏洞，但也總比沒有規則、人人都亂來要好。

儒家的禮法規矩非常多，甚至連兒子該怎麼與爸爸說話，說話的時候是站著還是坐著，兩隻手放在哪裡都有規定。我們可能覺得這些規定很教條，既無聊也無用，那為什麼古人幾百年來都要推崇儒家禮教呢？這就是因為儒家禮教建立了一套完整的社會制度，嚴格按照這套程序辦事，也就等於堅持程序正義，結果可能不會是最好的，但可以保證是有秩序的，「嫡長子繼承制」就是典型的代表。

乍一看，「嫡長子繼承制」很不合理：皇帝這麼重要的位置，怎麼能「立長不立賢」呢？怎麼能把國家隨便交給一個能力和品格都是未知數的人來管理呢？這國家能好得了嗎？古人用多年的經驗證明，嫡長子繼承制利大於弊，最大的好處是避免了皇子之間的爭鬥。假如說「立賢不立長」，理論上挺好，但就像結果正義沒有客觀標準一樣，「賢」或「不賢」也沒有一個客觀標準，這就給皇子們爭鬥的藉口。追求「立賢不立長」，就像追求結果正義的社會一樣，最後也會造就一個誰有槍誰就是「正義」的暴力社會。每一次皇權的更替，都會造成全面的宮廷爭鬥甚至內戰，這國家折騰不了幾次就完蛋了。

嫡長子繼承制的作用，就是一開始把誰繼承皇位這件事說死了，指著嫡長子對著全國人民說：就是他！就是他！你們誰也不用廢話。以「可能會讓傻子當皇帝」的代價，換取了全國政治的穩定。

從這個角度來看，「玄武門之變」的危害太大了。李世民替唐朝開了一個破壞程序正義的先例，他後面的王子、王孫們，不少人都不管嫡長子那一套，經常用政變的手段搶奪皇位，他們會指著李世民說：你看，咱們英明神武的老祖宗還這麼做過呢！我怎麼就不能做？整個唐朝，大部分的皇帝上臺都經歷過殘酷的政治爭鬥。

李世民到了晚年，自己就碰到了這個問題。李世民原本立嫡長子爲太子，但他又非常寵愛四子，於是太子惶恐不安，四子蠢蠢欲動，兩個兒子展開了皇位爭鬥。要說太子，眞不愧是李世民的好兒子，他在競爭失利的時候先是陰謀刺殺競爭者，刺殺不成又策劃謀反，企圖武裝政變，想把李世民一起解決了，這位太子等於把「玄武門之變」有樣學樣。

結果這位太子本事不如老爹，政變在策劃階段就被李世民知道了。李世民大爲震怒，一氣之下什麼太子、四子，全部剝奪了繼承權，最後把皇位給了最年輕、最老實、從不結黨營私的小兒子李治。

說李治「最老實」，這是好聽的說法，難聽的說法是這個人有點軟弱無能，要是做朋友，他一定是個好人，但是當政治家能力就不夠了。

他的軟弱，恰恰是武則天當政的關鍵。

一人之力戰天下——

傳奇女皇武則天

一

現在流行宮鬥小說（電視劇）中的爭鬥情形，絕大部分都是虛構的，歷史上的後宮爭鬥沒那麼多神奇的故事，但武則天的前半生，卻是名副其實的宮鬥傳奇。

武則天不叫「武則天」，她姓「武」，「則天」是她退位後，她的兒子爲她取的尊號：「則天大聖皇帝」，她的本名已不可考。

武則天相貌出眾，在十四歲時被李世民收入後宮，做了級別比較低的「才人」。李世民病危的時候，太子李治和武則天都要侍奉皇帝，兩個人有了見面機會，結果李治被武則天迷住了。李世民去世後，武則天按照慣例出家爲尼，不久，李治就把她從寺廟裡弄了出來，立爲妃。

李治性格軟弱，登基時年齡也小，李世民安排了幾位老臣輔佐他。在中國政治史上，外戚、宦官、權臣、軍閥這幾方勢力，哪一方太強大了都可能威脅到皇權。威脅李治的，就是這幾個位高權重的老臣，老臣們對皇帝干涉太多，引起了李治的不滿。當初李世民選李治繼位，是因爲別的皇子都拉幫結派爭奪皇位，只有李治不結黨營私。可是李治不結黨營私，登基後就勢單力薄，身邊連個能依靠的人都沒有，正好武則天很聰明，讀過很多書，而且和重臣之間沒什麼瓜葛，她理所當然成了李治的賢內助。和武則天相反，李治皇后的家人是重臣一黨，李治因此設法廢掉了皇后，改立武則天爲后。

巧的是，李唐王室還有家族遺傳病，以現在的醫學知識來看，推測是高血壓。高血壓的早期症狀是頭暈，李治後來頭暈得連公事都沒法辦，乾脆都交給武則天處理，於是天下大權就掌握在了武則天的手裡。

到了李治統治後期，武則天已經成了大唐帝國的實際統治者。在李治去世後，武則天的兒子當上了皇帝，武則天以皇太后的身分繼續統治天下，可以說，這是古代女性可以追求的最高地位了。按照一般宮鬥小說的節奏，這已經是打到關底，故事可以大結局了。

但對於武則天來說，這只是一個開始，她的目標是當皇帝。在我們今天看來，當時武則天手中的權力已經和皇帝沒有什麼區別，當皇帝只不過是一個手續問題，這有什麼難呢？

事實上，這非常難，原因在於中國古人對女性的極大歧視。

二

人類對女性歧視的源頭，可以上溯到原始社會。

我們知道，在一次繁衍過程中，雄性哺乳動物和雌性哺乳動物付出的時間成本有極大的差別：前者只需要數分鐘，後者則需要長長的懷孕期（如：人類十月懷胎）和數個月的哺乳期。差距如此之大，因此很多哺乳動物演化出一種特殊的生育模式：先由雄性互相競爭，產生一個身體最強壯的優勝者，這個優勝者可以和附近所有的雌性生育後代。

猴子就是這樣：猴群中公猴總打架，打贏的那個是猴王，別的猴子有好吃的都得先給牠，母猴也都歸牠。直到有一天牠老了，馬上就會有別的公猴站出來打敗牠，成爲新的猴王，原始人類也是一樣。

對於族群演化來說，這個模式好處很多：它可以篩選出族群中最優秀的雄性基因，並最大限度地複製這個基因，整個族群的演化速度就加快了。這本是生物在千百萬年的優勝劣汰中演化出來的一種生存模式，並不包含歧視的概念，但是當人類產生私有制以後，這種模式就容易導致這麼一種觀念：對女性的支配權，是男性用來爭奪、占有的財產。也就是說，女性是一種財產，而不是獨立的人，這是對女性歧視的源頭之一。

對女性的歧視還和男女的生理差別有關。在工業時代之前，體力是生產、戰爭的決定性因素，女性的體力弱於男性，社會地位也就低於男性。還有一個因素，是由於醫療條件的限制，古代女性生育時的死亡率非常高，高到什麼程度呢？康熙的皇后就是難產死的。女性生孩子，第一胎危險性比較大、年紀越大危險性越大。康熙的皇后死於難產時只有二十一歲，而且還是生第二胎，也就是說，她並不屬於高危險人群。清朝是中國最後一個帝制王朝，康熙時代還是清朝最鼎盛的時候，也就意味著當時處於中國古代醫療技術相對進步的時代，而且康熙貴爲一國之主，是全天下物力、人力的所有者，擁有全國最好的醫療條件，在這麼有利的條件下，皇后還是不幸死於難產，那普通人家的女性生育的危險就更大了。

在古代，人口就意味著生產力，國家和個人都千方百計多生孩子，女性生育和哺乳的週期又很長，在這種情況下，生育成了古代女性最重要的任務。基本上，古代女性一輩子都是在冒著生命危險不斷地懷孕、哺乳，又因爲生育的危險性大，女性更容易被當成是用來生育的「消耗品」（原諒我措辭冒犯），這種定位也容易把女性物化，貶低女性的地位。

因爲以上種種原因，在中國古代，女性常被當成是父親或者丈夫的財產，比如游牧民族的「收繼婚」：女性的丈夫去世以後，要被迫嫁給丈夫的兄弟甚至兒子，繼續生育子女。在這裡，女性就被當成了用來繼承的財產，用來生育的工具。我們現在很多地方的婚俗中，也保留了一些痕跡：女性在結婚以後，要與男方家人一起生活，成爲了男方家的人。在結婚時，男方要送聘禮給女方家，這可以看成是一種隱晦的交易：聘禮就是男方家庭用來「購買」女性的款項。

對女性的歧視，深深地寫在了儒家禮教裡，最有名的例子，是女性必須服從的「三從四德」。三從，就要求女性在出嫁前服從父親，結婚後服從丈夫，萬一丈夫死了，還得跟從兒子，完全沒有自主權。四德，要求女性品行端正、說話得體、相貌端莊、相夫教子和操持家務。

還有隱蔽的歧視。古代女子沒有自己獨立的身分，她們的身分只能依託在男人的身上，比如出嫁以後的女性，丈夫的社會地位決定了她的地位。丈夫是縣令，她就是縣令夫人；丈夫是知府，她就是知府夫人；丈夫受到了皇帝的嘉獎，她就成了誥命夫人；如果丈夫犯了法，被發配或者砍頭，她也很可能被發配爲奴，爲了和自己無關的錯誤承受苦難，哪怕貴爲皇后也是一樣。

皇后好像很尊貴，有很多特權，其實這些特權並不是她自己的，而是她的丈夫給她的，一旦她的丈夫不是皇帝了，那她擁有的特權就立刻煙消雲散，所以即便是貴爲一國之母的皇后，在古代的地位也很低。唐初的官方著作《毛詩正義》中說，就算是皇后也只能天天養蠶織布，女人嘛！只配織布，干涉朝政什麼的，那都是做夢。

可是我們也知道，歷史上有不少干涉朝政的皇后，尤其是那些幼子登基的皇太后，她們堂而皇之地執掌朝政、命令群臣，那她們又爲什麼能被群臣接受呢？祕訣就在於「儒表法裡」四個字。

前面說的那一大堆禮教對女性的歧視，就是屬於「儒表」的部分，遵守「儒表」不妨礙你在底下大玩法家的權術啊！歷史上那些掌握朝政的皇太后，她們在表面上都遵守婦道，強調自己的從屬身分：天下是皇帝的，政令都是皇帝下的，文件上蓋的都是皇帝的印，這些皇太后只是站在一邊輔佐皇帝、幫助皇帝而已。至於小皇帝事事都要聽母后的，那是私底下的「法」，只要別公開說出來，別破壞「儒表」，儒家官員是可以容忍的。

但武則天是要做什麼呢？她不光要「法裡」，還要「表裡如一」，把最外面的「儒表」去掉，什麼遮羞布啊！什麼顏面啊！都不要了！她六十多歲的時候，親手終結了李家王朝，自己當上了皇帝，並且改國號爲「周」。

武則天既然打破了中國古代社會最重要的傳統，也就會迎來社會的全面反擊。

三

在李治死後，武則天作爲皇太后，已經擁有了控制全國的權力。但她手下的百官只忠心於李家王朝，不會服從一個違反儒家禮制的女皇帝。她要登基即位，必須從現有的文官系統之外尋找支持自己的力量。

我們說過，李淵屬於關隴貴族，唐朝也是靠關隴貴族打下天下，所以在唐初，擁有權勢的人也都是關隴貴族。武則天的家世卻很普通，她的父親原本只是個木材商人，是因爲和李淵一起起兵才發達，說白了，她們家才興旺了一代，和那些經營多年、勢力盤根錯節的大貴族們根本沒法比，武則天是沒有後臺的人。那麼，一個沒有後臺的人掌權後，該怎麼扶植自己的力量呢？

答案是：提拔同樣沒有後臺的人。

那些老臣手上的權力都是李家給的，他們自然對李家很有感情，會覺得你一個外姓的女人跑到李家的政權裡參一腳，你算老幾啊？但是對於出身低微的人來說，武則天提拔了他們，那武則天就是他們的恩人，他們手中的權力、享有的富貴都是武則天給的，沒了武則天，他們什麼都不是，他們自然對武則天忠心耿耿，武則天叫他們咬誰他們就咬誰。

唐朝的上層官員大都來自於關隴門閥，武則天要扶植自己人，就要從沒有背景的普通人裡選拔，這就是武則天重視科舉制的原因。

我們來講講科舉制度。

科舉制度在隋朝出現，進入唐朝後變得越來越重要，這是歷史的大勢所趨。這個趨勢，就是人類在政治領域逐步擺脫自己的原始本能，逐漸變得成熟的過程。

什麼叫「擺脫自己的原始本能」呢？人類有很多原始的本能，其中很多本能不適合文明社會，需要我們去克制。比如說人有食欲，餓的時候見到食物就想吃，但是在有了私有制後，社會規定，你就算很餓，見到不屬於你的食物也不能吃。只有人人都克制住這個本能，社會才能有秩序可言，才有可能產生私有制，而有了私有制，才有可能產生今天的人類文明。也就是說，克制一些原始本能，可以讓社會變得更成熟、更文明。

在政治領域也是如此。

在原始社會，爲了延續自己的基因，人們會不惜一切代價把能掌握的資源都交給自己的子女，這種本能就產生了基於血緣的繼承制度，產生了大家族。把這種本能帶入權力領域，就產生了分封制，產生了世襲的貴族制度，這就是商周時代的政治制度：只有與統治者同一個家族的人才能擁有權力。我當了皇帝，那我身邊的大官就都是我的三叔、四伯、六舅什麼的，肥水不落外人田。可是，隨著時代的發展，這種制度暴露出越來越多的缺點。

到了戰國時代，有識之士認識到這種模式的弊病，他們開始想辦法克制「把權力分給家人」的原始本能，試圖設計一個更冷靜、更成熟的制度。這就是從漢武帝開始實行的「察舉制」和曹魏時開始實行的「九品中正制」。

「察舉制」的做法，是先由地方官尋找品學兼優的人才，把他們推薦給朝廷，朝廷再安排考試，通過考試的人就可以當官了。

「九品中正制」的做法，是設立一些叫做「中正」的官員，由這些官員把知名人士分成九個等級，按照這個等級來安排官員升降。

簡而言之，這兩種制度都是靠官員推薦人才。和世襲制相比，這兩種制度意識到官員應當從民間廣泛選拔，但它們的缺點是選拔的過程漏洞太大，靠「個人推薦」來選拔官員，很容易造成親友之間互相推薦，最終就形成了由大家族壟斷權力的門閥社會。比如到了兩晉的時候，有一句話叫「上品無寒門，下品無世族」。「寒門」是沒有背景的普通人家，「世族」是世代為官的名門望族。這句話的意思是說，所謂「九品中正制」，看著好像是在品評人們的品德學問，其實品評的是家族背景，有背景的就是上品，沒背景的就是下品，非常不公平。

「察舉制」和「九品中正制」的本意是改掉權力世襲的壞習慣，但是因爲「人類把好東西都給子孫」的本能實在是太強大了，制度上只要有一點漏洞，馬上就會被大肆利用。所以這兩個制度最終還是退化成了權力世襲制，產生了門閥社會。

科舉制度是打擊權力世襲制的又一次努力，而且非常成功。科舉制有兩個關鍵的地方：第一，任何人都可以參加考試；第二，只以考試結果論成績，權貴推薦不是說沒用，但已經不具主要作用了。

科舉制的好處非常明顯，它杜絕了權貴互相推薦，人們是靠考試成績而不是血緣進入官場。魏晉南北朝的那種多少代人都當大官的門閥大家族也就漸漸消失了，門閥社會的種種弊病也就沒有了。

科舉制度的另一大好處是增加了社會的流動性。貴族和門閥社會的社會流動性很差，「上品無寒門，下品無世族」嘛！窮人永遠也出不了頭，造成了社會的不公正，造成了底層百姓對上層的仇視，造成了眞正的人才不能爲國家所用，反倒成了國家的敵人。在科舉制下，沒有背景的普通百姓也可以透過念書考試進入社會上層；反過來，原本的豪門子弟如果不好好念書，也會很快沒落，淪爲平民。這樣做的結果也增加了社會的穩定性，每個百姓都有出頭之日，每個權貴都不能得意忘形，國家能最大程度地吸收人才。

因爲科舉制的實行，中國百姓有了一個非常好的傳統：重視知識、重視讀書、尊重知識分子，祖訓、家規都強調子弟要好好念書。過去很多宗族會闢出一些公田，用來供養宗族內沒有錢的孩子去念書。直到今天，在一些貧困地區，一個家族竭盡全力供一個孩子讀書的情況仍舊屢見不鮮。那些家族這麼做，出發點是很功利的：只要子弟考個好成績，出人頭地，家族就能興旺，每個成員都能獲利，但是在客觀上，這種觀念把知識的光明帶到每一處鄉間。

明末清初的時候，歐洲的知識界第一次比較詳細地了解中國，像伏爾泰那樣的大文豪一看到中國的文化制度，當時就崇拜得五體投地——一個處處尊重知識的國度，這就是柏拉圖設想的「由哲學家統治國家」的理想國啊！比靠宗教和貴族統治的歐洲要高了不只一個等級，中國全社會的文明程度，是當時的歐洲難以企及的。

科舉制度如此優秀，以至於我們今天國家公務員的選拔制度仍舊類似於科舉制：面向全社會、公開、統一命題和閱卷的公務員考試。

因爲科舉制度有這麼多優越性，對維護國家統治大有好處，因此我們說，採取科舉制度是中國歷史的大勢所趨。古代社會越成熟，就會越依賴科舉制度。

可是，既然科舉制度這麼好，那爲什麼中國人不早點實行呢？爲什麼要到隋唐時才開始實行呢？主要原因是讀書的成本問題。

前面說過，秦、漢的人們用簡牘來寫字。相比甲骨文、金文來說，簡牘的成本已經很低了，不是貴族也用得起，所以孔子才說「有教無類」，招收非貴族的學生念書，但是對於貧苦百姓來說，簡牘還是不便宜。書籍得靠豪門大家世代積累，所以才有「累世經學」，學問都是在家族裡代代相傳的，即便是所謂的「寒門」出身的讀書人，家裡也都得有相當的經濟實力，否則買不起那麼多的書，在這種條件下，科舉制度的意義就不大了。

到了東晉的時候，紙張澈底取代了簡牘，這時讀書寫字的成本才慢慢降下來。到了唐朝時，普通百姓念書才變得比較現實。宋朝又普及了雕版印刷技術，複製圖書不需要文人一字一字地抄寫，很快就能印出來，這又大幅度降低了圖書的成本。這個時候，毫無背景的讀書人多了起來，科舉制度才有實現的價值。

四

雖然我們強調科舉考試是歷史的必然，但武則天本人推崇科舉卻是出於私心。沒有背景的武則天要對抗政壇上的門閥貴族，她就只能用科舉制度去扶植同樣沒有背景的寒門子弟，狄仁傑就是經過武則天時期的科舉考試進入了官場。狄仁傑能力出眾又缺乏門閥背景，因此成了武則天很仰仗的重臣。

但是光提拔寒門遠遠不夠。武則天想當皇帝，她要對抗的不是幾個門閥貴族，而是整個儒家禮教。你想要對抗儒家思想，就要用另一種思想取而代之。

武則天有什麼思想可以利用呢？

可能有人想到法家，因爲我們一直在強調「儒表法裡」嘛！法家的確要用，但不能公開用，因爲在儒家社會裡，法家的權術都是藏在私底下的，人人都在用，但是口頭上不能這麼講，就好比古代有很多書生當官並不是爲了濟世救民，而是爲了升官發財——「書中自有黃金屋」嘛！可是這些人當了官後，在正式場合一定要高喊爲國爲民的大道德，假如一不小心把升官發財的老實話說出來，那就麻煩啦！

武則天需要一套能擺在檯面上，和儒家不同的思想，有哪些思想可以用呢？中國古代有三大思想：儒、釋（佛教）、道。儒家當然不能用了，道家能不能用呢？也不能，這說來也湊巧，唐朝皇帝不是姓「李」嗎？正巧當時的人們認爲，道教的祖宗老子也姓「李」。我們說過，李唐家族的前身是鮮卑人，這在尊崇漢人的儒家看來有些尷尬，李唐王室爲了讓自己的家族更光鮮一些，宣稱自己的祖宗是老子，十分推崇道教，這樣一來，武則天也不能用道教了，她唯一能用的，只剩下佛教了。

正巧佛教講「眾生平等」，當然也主張男女平等，這種教義正好滿足武則天的需求，於是在武則天時期，佛教的地位非常高。武則天命人在洛陽修建了一座巨型佛像，有樂山大佛的兩倍高，據說佛像的小拇指裡就可以站下數十個人。武則天還在龍門修造了一座近二十公尺的石佛，據說佛像是按照武則天本人的相貌雕刻，這尊佛像今天仍可以看到。

佛教只是表面上的文章，武則天還要有內裡的手段，這就是法家的刑罰和權術。

武則天並不反對儒家禮教——離開了儒家制度，誰都管不好龐大的中國。但武則天既然正面觸犯了儒家體系，那她就只能靠法家的手腕來彌補統治能力上的不足。

據說武則天說過這樣的話：馴服烈馬需要三樣東西——鞭子、錘子和匕首。先用鞭子抽馬，如果馬還不聽話，就用錘子錘，如果還不聽話，就用匕首殺了它。這就是典型的法家思維。

武則天行事非常殘忍，該殺人的時候絕不手軟。有一次，武則天的孫子、孫女和孫女婿三個人私下議論武則天的男寵，被人告發。就因為這麼一件事，武則天勒令這三個人自殺。這個孫女年僅十七歲，還有孕在身，也被無情地殺死了。

武則天更爲人詬病的是重用酷吏，「吏」說白了，就是整治人的小官。武則天爲了強化法家，任用了一批「吏」，賦予他們極大的權力，讓他們去遏制百官。這些人沒受過良好的教育（否則他們就成了傳統儒生，也就不是武則天能用得了的「吏」了），掌握了權力後，就如同宦官掌握了權力一樣，肆意妄爲，用鮮血和暴力維持自己的權威，用誣陷和告密來證明自己的重要性，造就了無數慘案。

有一個著名的案例。有一次，武則天叫她重用的酷吏來俊臣去審問另一個酷吏。於是來俊臣請這個酷吏吃飯，在席間向他請教：「如果有囚犯硬是不認罪，該怎麼辦呢？」那酷吏說：「這事情容易啊，你把犯人放到甕裡，四周燃起火就行了。」來俊臣就叫人找來一口大甕，四周點起火，對那酷吏說：「現在有人告發你，我奉命審查，就請您入甕吧！」那酷吏一看崩潰了，直接招供，這是成語「請君入甕」的來歷。

酷吏固然可怕，但和下面這個制度相比，酷吏的危害就不算什麼了。

五

正常的政府想要管理百官，靠的是各部門的互相監督。每個朝代，都會有一個負責監察、檢舉百官的部門。但並不是說這些監察人員想整哪個官員就整哪個官員，他們發現了官員的錯誤只能向上報告，沒有審判的權力。在他們報告以後，還有另一批人——國家的人事部門或者司法部門——負責調查案情，去判斷檢舉是不是屬實。最後的審判結果，還要交給皇帝和群臣審評。

以上過程理論上應該是向百官公開的，你們是怎麼檢舉，被檢舉人是怎麼辯護，最後是怎麼審判，這些都有檔案，百官都能知道，都能參與評判。而且最關鍵的是所有這些人全都信仰儒家道德，堅持同一個道德準則，是非觀相同，這樣公開監督才有意義。

上述這麼一大堆東西，才能算是一套比較完善的監督系統。

武則天任用酷吏，就沒法使用上述公開的監督系統。因為「儒表」嘛！滿朝的官員都信仰儒家道德，反對法家的酷政，就連她起用的那些寒門官員也是讀書人，也反對酷吏政治。那麼武則天靠法家權術抓起來的那些官員，就不可能交給群臣來評議監督。所以武則天不能使用傳統的方式來監督百官，只能用法家的辦法。其中最有效也是最噁心的，就是告密制度。

注意，這裡說的「告密」，指的不是告發刑事犯罪。如果你發現一個人往井裡下毒，你去告發他，這是應該的，因爲你阻止了惡性犯罪。但還有另一種告密，它所告發的是一些生活中的小事：道德上的瑕疵，日常生活的疏忽，甚至只是幾句牢騷話。如果當權者鼓勵人們告發這些小事，因爲這些小事而嚴加懲戒人們，這就構成極爲可怕的制度了。

人性經不住考驗，人性的缺陷需要包容，而告密制度，就是在用鮮血去考驗全社會的人性，結果是全社會都經不起考驗，整個社會最基本的人際關係都被破壞了。

假如一個社會鼓勵親人、朋友之間的告密，甚至鼓勵孩子告發父親、妻子告發丈夫，結果只會是父子失和，兄弟反目，夫妻間充滿虛情假意，朋友之間連一句眞心話都不敢說，人與人之間處處提防、多說假話，少說實話，都怕別人去告發自己，這樣的世界能美好嗎？

回來說武則天。

正因爲告密制度會摧毀人際關係，所以重視人倫關係的儒家才講「親親相隱」。孔子說：「父爲子隱，子爲父隱，直在其中矣。」他說：父親包庇兒子、兒子包庇父親，這才是正確的行爲。而武則天呢！她發明了「檢舉箱」，鼓勵人們往裡面投檢舉信，她還重賞告密者，凡是告密的人，每天都由國家供應米、麵、酒、肉，吃好喝好招待好。被告發的人如果不承認，就要受到酷刑逼供，受不過酷刑的人光招供還不行，還必須去告發更多的人。結果導致全國冤案橫行，只要有一點風吹草動，那些酷吏就像獵狗一樣撲上去，一場案件動不動就牽連出幾百條人命，嚴重破壞了社會秩序，哪怕是出身寒門的知識分子也無法容忍她長期這麼做下去。武則天最後承受不住各方面的壓力，只能承認告密制和酷吏政策的錯誤，下令誅殺了酷吏，宣告法家政治的失敗。

當然，作為一個偉大的政治家，武則天本人也明白其中的道理，她也想回到儒家統治的傳統道路上，特別是在她登基以後，政策一直在努力往儒家這邊轉。但是，只要她以女人身分當皇帝，她和儒家禮教的衝突就繞不過去。

六

古代中國「儒表法裡」，這個「儒表」體現在一系列的制度上。這些制度並不是走個形式、做個樣子的，它有相當的實用性，比如前面說過的嫡長子繼承制，聽著荒謬，但沒了這制度國家就得亂。

武則天的困境，是女性當皇帝，完全不合儒家禮制。就說傳位問題，武則天終結了李唐王朝的統治，建立了武姓的大周朝，但她的皇位傳給誰呢？如果傳給自己的兒子，可是兒子姓李啊！往後一輩輩傳下去也都姓李啊！這是武家的天下還是李家的天下呢？

如果說傳給武姓的人，那武則天就不能在自己的後代中找繼承人，得去娘家家族裡找，比如找娘家的姪子繼承皇位，問題是這些人和武則天的血緣關係太遠了。因爲按照中國的傳統觀念，女性的身分要依附在男性的身上，女子嫁到男方家裡後，就是丈夫他們家的人了，丈夫家是「自己人」，娘家反倒是「外人」。說個現實點的問題，從武則天的姪子那裡往上梳理家譜，這個家譜是姪子的爸爸、姪子的爺爺這一系，這裡面可沒有武則天的位置，你把皇位給了姪子，你武則天又算什麼呢？

中國人有祭祖的傳統，用來供奉祖先牌位、舉行祭祖儀式的地方，叫做「宗祠」或者「宗廟」，皇帝的宗廟就是「太廟」，在古代是極爲重要的場所。在歷史上，武則天曾試圖找自己的姪子繼位，有大臣就勸說：您是皇帝，您去世之後繼位者得爲您立太廟，可是您見過姪子爲姑母立廟的嗎？按照儒家的規矩，人家應該祭祀的是自己的爸爸和爺爺，人家不會祭祀您啊！

還有一種辦法，武則天讓自己的兒子繼位，然後讓兒子改姓「武」，延續武家王朝，這不就兩全其美了嗎？實際上，武則天的兒子怕母親弄死他，曾主動把自己的姓改成了

「武」，但這事也就是武則天活著的時候這麼辦，等武則天一死，她的兒子繼位，人家還會繼續姓武嗎？因爲天下本來就是李家的啊！人家放著堂堂正正的李家皇帝不做，憑什麼還要改姓武啊！再說你一輩子跟媽媽姓，你不讓群臣取笑死嗎？所以只要是武則天的兒子繼位，天下肯定還是姓李的。

武則天想把自己的大周王朝傳下去，可是這倫理關係怎麼都理不順，放到儒家倫理系統中總是彆扭的，但武則天又不可能推翻整個儒家體系，怎麼辦呢？

政治的魅力，在於妥協。

除了武家外，整個文官集團、貴族集團都懷念李唐王朝，牴觸武則天的法家統治。武則天晚年的時候，群臣發動了「神龍政變」，逼迫武則天傳位給李家人——也就是武則天的親兒子。武則天知道自己馬上就要壽終正寢，再也不可能改變天下大勢，於是同意了群臣的要求，索性人情送到底，她還下令把國號改回「唐」，自己不再是皇帝，身分變回李治的皇后——她知道，就算她不改，將來李家人也會改，還不如此時以退爲進，自己在死後說不定還能保住皇太后的身分。

就這樣，武則天建立的武周王朝曇花一現，武則天成爲中國歷史上絕無僅有的女皇帝。她的王朝雖然只持續了一代，但是以後的李唐皇帝都是她的親生子孫，這也讓後來的唐朝皇帝在批判她時多了一絲尷尬。武則天任用酷吏，對待官員殘忍恐怖，但是她在處理政務、國事上卻頗有建樹，唐朝的經濟在她的統治下繼續發展，終於在她孫子李隆基的時代達到了頂峰，這就是「開元之治」。

連老婆都保護不了的皇帝——

從開元之治到唐朝滅亡

縱觀歷史，當一個王朝經過大規模內戰統一天下後，只要國內外沒有戰爭，皇帝不太糊塗，沒有過分花錢，能夠做到鼓勵國內生產，那麼國力就會逐漸恢復，百姓生活水準逐步提高，實現所謂的「治世」和「盛世」。

從唐朝開國到唐玄宗李隆基統治前期，唐朝的政局基本符合這個模式。雖然武則天改制造成了上層動盪，但平民百姓基本不受影響，直到她的孫子李隆基登上皇位，國力還一直處於上升之中。李隆基年輕的時候很有才幹，他整頓吏治，節約政府開支，實施了一系列改革措施，把一路上升的基業又推進了一把，讓唐朝進入鼎盛時期。因爲這段時間的年號爲「開元」，所以歷史上稱之爲「開元之治」或者「開元盛世」。

開元年間，國家空前富強。唐朝詩人杜甫回憶當時的盛況，寫下了名句：「憶昔開元全盛日，小邑（邑是「城市」的意思）猶藏萬家室。稻米流脂粟米白，公私倉廩俱豐實。」翻譯成白話，意思是：想當年開元年間，一座小城市就有萬戶人口，公家和私人的倉庫裡都堆滿了糧食，稻米雪白圓潤，品質上乘。簡而言之，就是富得流油。

長安城是大唐盛世的代表作。長安城東西長近一萬公尺，南北長八千多公尺。放在今天來看，也算是一座大型城市，在當時更是全世界第一的巨型城市。由於面積太大，居民住不滿，城市裡甚至有一些地方用來種田。

長安城正中間直達皇宮的大道朱雀街寬一百五十公尺，長五千公尺，這是什麼概念呢？今天北京天安門附近的長安街，最寬約一百二十公尺，換句話說，朱雀街比現今的長安街還寬。

唐朝的大型城市——長安、洛陽、揚州、蘇州的格局很有特色，它們都像棋盤一樣，用橫平豎直的街道把城區分割成一塊一塊的長方形，每一個長方形都是一個獨立的街區，叫做「里」或者「坊」，這種城市格局，稱為「里坊制」，這是從西周開始一直延續下來的城市結構。唐朝的長安是里坊制的最高峰，當時的百姓都居住在「坊」和「里」中。今天，漢語裡還有「街坊」、「坊間」、「里弄」、「鄰里」這樣的詞，城市裡有些社區還稱作「某某里」。大部分坊都是封閉的，坊的四周有牆，四面設有坊門，居民出入都要經過坊門。這很像是我們今天有圍欄、有警衛的社區。如果你是王公貴族和一定層級的官員，那就可以在坊牆上為自己家專門開一個大門，不用走坊門了。

里坊制的主要好處是易於維持治安。在古代，大部分朝代的城市到了晚上會實行宵禁，也就是不許路人隨便走動。因為古人沒有發達的照明設備，城市裡沒有我們現在這樣的路燈，只能靠月光和燈籠照明，照明效果很有限，夜晚的城市是非常暗的。我們在古裝劇裡常看到「黑衣人」或者一身黑的忍者，感覺非常可笑：穿著一身黑色的衣服多顯眼啊！這不是一眼就讓人看出來是壞人了嗎？其實，是因爲影視劇在拍夜景戲的時候，也要打上非常足的光，比我們平時點的燈還要亮很多，否則我們沒法看清楚螢幕上的畫面。而在眞實的古代，夜晚是漆黑一片的，尤其是在沒有月光的夜晚，在沒有燈燭的情況下，任何東西都看不見，「伸手不見五指」是一個事實而不是比喻。在這樣的夜晚，要是穿一身黑衣服，那就眞能達到隱身的效果了，所以有一個成語叫「月黑風高」，典出「月黑殺人夜，風高放火天」，意思是沒有月光的夜晚適合犯罪，風大的天氣適合縱火，用來形容危機四伏的環境。

古代城市的夜晚倒是有巡邏打更的人，可是巡邏的人得看路看人啊！得提著燈籠。在漆黑的夜晚，壞人隔著八丈遠就能知道巡邏的人來了，可以輕鬆躲開。換句話說，在古代的夜晚維持治安是一件非常難的事，所以很多城市乾脆就實行宵禁制度：天一黑，沒有特殊的文件，誰也不許出門，全都在屋裡待著！誰出來誰就有可能是壞人，必須嚴加盤問。

里坊制就是爲了宵禁制度設計的。坊裡有專門的治安官和門吏，到了晚上，所有的坊把門都關上，除了特殊情況（如結婚、生病、亡故）外，誰也不許出入。不過，不許人家夜裡出門也太不近人情，你就不許人家晚上出門喝酒喝得時間久了點？或者半夜餓了出去買吃的？所以坊內不實行宵禁，在每個坊裡都有一些小商鋪、小飯館，夜裡也允許開門營業。那有人說了，坊內也缺乏照明啊！要是有人在坊內做壞事怎麼辦？關鍵在於，一個坊內人數有限，而且大家都住在一起，大多互相認識，就算晚上有人趁著天黑做壞事，大家早晨起來不開坊門，互相一查問，壞人也就難逃懲罰了。

唐代城市的市場也被圈在圍牆裡。在長安，除了坊內可以有小商鋪外，大的商店都必須圈在兩個「市」裡。這兩個市分別位於長安城的東邊和西邊，被稱爲「東市」和「西市」。市和坊一樣，也按時開關大門，早晨起來打開大門，人們才能進去買東西；到了天黑的時候關上大門，所有的營業活動都要停止。

二

唐朝之所以能讓我們留下「強盛」的印象，不僅僅在於有多麼宏大的城市和建築，而在於它對外族的包容。唐王朝的民族包容，主要原因來自於唐朝前期國力的空前強大，對外戰爭屢獲大勝——只有我相信你無論如何都不會威脅到我，我才會眞正包容你。

唐朝初期有兩大軍事功績：一是征服高句麗，二是征服突厥。

別看高句麗面積不大，在當時卻是個不容易征服的國家。因爲高句麗地處北方，天氣寒冷，又有漫長的雨季，一到雨季道路就變成了寸步難行的泥潭，軍隊無法行動，補給難以運輸。古代衛生水準不高，到了雨季還容易發生瘟疫。高句麗利用天氣的特點，在面對進攻時總採取堅守不出的策略，拖到雨季也就等於勝利了。當年楊廣兩次東征高句麗失敗（還有一次沒打成），結果亡了國。後來李世民當皇帝，又兩次東征高句麗，結果也沒打下來，一直到了李世民的兒子唐高宗的時候，利用高句麗內亂的機會，一舉滅掉了高句麗。這是唐朝在東北地區的勝利。

在西北地方，隨著突厥的滅亡，唐朝像當年的漢朝一樣，獲得了西域地區的統治權。此時的唐朝，除了西南地區新崛起的吐蕃外，四周已經沒有值得一提的對手了。

因爲軍事、外交上的強大，唐朝前期對各民族非常包容。李世民曾說過：「自古皆貴中華，賤夷狄，朕獨愛之如一。」在安史之亂之前，唐朝的很多高級文官、武將都出身少數民族。在當時，少數民族將領擔任邊疆集團軍的最高領袖，金髮碧眼的胡人時常出現在朝堂之上，甚至不少集團軍的將領，就是被唐朝滅了國的高句麗人、突厥人。朝廷不覺得這樣有什麼不妥，這些將領也爲朝廷盡心效命。

那時的長安城是一個多民族雜居的國際性大都市。這裡居住著敘利亞人、阿拉伯人、波斯人、韃靼人、吐蕃人、朝鮮人、日本人……各色教堂、廟宇林立，有中國本土的道教、來自印度的佛教、來自波斯的拜火教（祆教）、來自阿拉伯帝國（大食帝國）的伊斯蘭教、來自歐洲的基督教（景教）、來自中亞的摩尼教等等，街上的漢人們大大方方地穿著「胡服」，街邊的小吃鋪擺放著熱騰騰的「胡餅」，「胡姬」在長安城的酒館裡招攬客人，酒樓裡傳出「胡琴」的樂聲，歌女們跳著優美的「胡旋舞」……各個民族、國家、宗教在大唐的土地上和平共處，這是一個可愛的時代。

唐朝的包容精神在中國歷史上是空前絕後的。

你在生活中可能會有一種體會：一個人如果從小生活順利，沒受過挫折，他往往待人真誠熱情，缺少戒心；假如一個人受盡了生活的折磨，屢遭背叛和傷害，那他多半會對外人充滿戒心，傾向於用惡意揣測別人。

中國人的民族精神也是如此。

「安史之亂」後，中國不斷承受周邊民族的劫掠和入侵，在五代十國達到高峰。宋朝建立後，游牧民族的入侵非但沒能減少，反而變本加厲，並迎來了遼、金、西夏數百年的進攻，最後以蒙古的殘酷統治告終。從此以後，在中國人的歷史記憶裡，「漢夷之分」成了無法磨滅的記憶傷疤，對待外族總是戒備多親善少。到了明朝的時候，明政府在明顯打不過滿清的情況下，別說投降，連和談的選項都沒有，皇帝敢提一句和談，大臣當場就能把皇帝吃了。到了清朝末年，聽說外國人要來中國開教堂，全國都嚇瘋了，老百姓自發包圍了教堂，把裡面的男女老幼通通殺死，甚至有的中國人因爲手裡拿著個洋傘，身上穿個洋襪，都會被百姓抓起來殺掉。這如何比得了那個滿街「胡服」、「胡琴」的年代？再後來，中國又飽受西方列強的欺凌，又有日本帝國主義的蹂躪，又有冷戰的中、西對峙，又有和周邊的各種衝突，每一次都強烈刺激著中國人的民族情緒，全世界隨便提起一個國家來，都會有人恨得牙癢癢。

中國人就像是一個飽受生活傷害的中年人，再也無法露出當年的純眞笑容。

三

「其興也勃焉，其亡也忽焉。」李隆基創造的「開元盛世」是唐朝的頂點，也是唐朝走向衰敗的轉捩點。

前面說過，秦始皇、漢武帝、隋煬帝在某種程度上是同一類人，他們的開局原本很不錯，只因為總想做大功業，想千古流芳，最後役使民力過重，把國家弄得一場糊塗。我對這種皇帝的毛病取名叫「秦皇漢武病」。

而李隆基生的是另一種「病」——晚年昏庸病，它是高壽的皇帝才可能有的一種病，這種皇帝，年輕的時候很有能力，每天勤奮工作，把國家治理得井井有條。但是隨著年事漸高，他變得越來越保守、懶惰。

這點很好理解：如果你是一個二十歲的年輕人，你一定希望把國家建設得更好，因為未來對你來說還很長，建設好了還有機會享受。但如果你是一個六、七十歲的老人，想到年輕的時候該幹的活都做了，年輕人的成就感也都得到了，再加上歲數一大，精力不濟，也就無暇顧及太多。到了這個歲數的皇帝就漸漸怠於政事，連續為國家工作了幾十年，也該休息一下了。

這類皇帝到了晚年，開始把政務委託給別人，自己躲在一邊專心玩樂。因為歲數大了，懶，所以底下人報告壞事他們就不愛聽——多煩呀！只喜歡聽喜訊。這些皇帝前半生不斷建功立業，政績一件接著一件，身邊的恭維更是常年不斷，時間一長，免不了過於樂觀，底下喜訊連連他覺得是正常的，偶爾報告一些問題他也不去警惕。結果國事在他們的統治下日趨糜爛，各種隱患不斷膨脹，在他們看不見的地方，國家正在悄悄走向崩潰。李隆基和清朝的乾隆，都是典型的例子。

單說李隆基。李隆基五、六十歲的時候，開始犯「晚年昏庸病」，變得貪玩、怠政。他特別喜歡音樂，會演奏多種樂器，還能自己作曲，據說〈霓裳羽衣曲〉就是他根據印度舞曲改編的，他還建立了稱為「梨園」的音樂機構，後來的人們就把「梨園」當成曲藝界的代名詞。

李隆基特別喜歡熱鬧。原本唐代城市到了晚上，坊和市都是關閉的，但唐玄宗規定，每年正月十四、十五、十六這三天，坊、市可以不關門，大家通宵玩樂。

就像秦始皇、漢武帝晚年很怕死、追求成仙一樣，李隆基也夢想著長生不死，晚年非常信仰道教，花了很多時間在修行、煉丹一類的事上。

更有名的是李隆基和楊玉環之間的故事。

楊玉環的本名今天不得而知，「玉環」是她的小名。楊玉環原本是李隆基的兒子壽王的妃子，小了李隆基三十歲，因為宦官高力士的推薦，李隆基看上了楊玉環。可是楊玉環是自己的兒媳婦啊！你當皇帝的，千萬雙眼睛在盯著，怎麼能與兒媳婦亂來呢？

要說人一沾這下三濫的事，腦子都變得特別靈光。李隆基下了一道聖旨，要楊玉環出家當道士。什麼叫「出家」？「出家」就是離開自己的家庭，脫離原來的家庭關係。所以楊玉環一出家，她就自動解除了和壽王之間的夫妻關係，李隆基下手就方便多了。楊玉環出家的道觀在哪裡呢？就在李隆基的皇宮裡，所以李隆基借著「信仰宗教」這個冠冕堂皇的藉口，不僅讓兒媳婦離婚了，還把兒媳婦接到了自己的宮中，明目張膽地成了自己的情人。五年後，李隆基冊封楊玉環爲貴妃，實際的待遇等同於皇后。

李隆基霸占兒媳婦，這事我們得從兩方面來看：一方面，李唐王室推崇儒家禮教，以儒家倫理來看，這種事的確擺不到檯面上來，否則李隆基也不會先讓楊玉環當幾年道士來遮羞。但從另一個角度講，李唐王室的前身是鮮卑貴族，生活習俗上還留下一點少數民族的遺風。少數民族原本有「收繼婚」的習俗，一女多嫁，先嫁兄後嫁弟，先嫁父後嫁子都屬於正常情況。因此以當時人的價值觀來看，這也不算太亂。

但是儒家學者喜歡從道德方面總結王朝興衰的原因。唐朝衰亡自李隆基始，儒家便認爲李隆基亂搞男女關係要爲之負責。其實唐王朝的衰亡並不取決於李隆基寵幸誰，甚至和李隆基本人是否勤政都關係不大，唐朝的沒落有更深層次的原因。

四

前面說過，一個王朝在剛平定天下後，只要能保持穩定，經濟就能不斷發展，但是發展到一定程度，總會出現一些不可避免的弊病，導致王朝走向衰落，其中最常見、影響最大的兩個弊病，一個是人口過多，一個是土地兼併，這兩個問題越突出，國家就離滅亡越近。中國歷代王朝一直都沒有找到解決這兩個問題的好辦法。

李隆基一朝的國力由盛轉衰，也和人口過多以及土地兼併有關，具體的導火線是徵兵制度。

隋朝和唐朝早期，國家的徵兵制度叫做「府兵制」，具體做法是強行指定一批老百姓，他們終生擁有特殊的戶籍，叫做「軍戶」。這類百姓種田可以不交賦稅，但在農閒的時候必須參加軍事訓練、定期服役，在國家遇到戰爭時還會被臨時徵召，作戰所需要的武器、裝備、糧草還得自己準備。打仗的時候，國家從各個軍戶裡抽調士兵，組成軍隊後交給將領，打完仗後，軍隊解散回到自己的土地上繼續耕種。

我們在國中國文課本裡學過的〈木蘭詩〉是南北朝時期的作品，為什麼「可汗大點兵」的時候，木蘭家一定要出一個人打仗呢？就是因為她們家是軍戶，有義務當兵。詩裡還說，木蘭應徵後，「東市買駿馬，西市買鞍韉，南市買轡頭，北市買長鞭」，鞍韉和轡頭都是騎馬所需的裝備，也就是說，木蘭去打仗時，馬匹和裝備要自己準備。

府兵制的優勢是節約軍費——軍糧和軍費都由軍人自己出，解決了後勤供應這個大問題。缺點是戰鬥力弱，因為士兵平時還要耕地勞動，戰鬥力不如專業軍人，而且每次戰爭，士兵都是臨時組成的，士兵之間、士兵和將領之間互相不熟悉，在戰場上難以配合，更大的問題是土地不足。

府兵制要求軍戶免費替國家打仗，前提當然是國家得給軍戶土地，得讓人家有飯吃，所以，實行府兵制的前提是均田制，也就是國家分配土地給百姓，在百姓去世後把土地收回，再分配給其他人種植。但是隨著人口的增長和土地兼併日益嚴重，國家逐漸拿不出這麼多土地了，到了李隆基的時候，很多軍戶分到的土地比唐初規定的田畝數要少得多，然而軍戶還必須按規定應徵打仗，打仗還是要自備武器和糧草，這樣一來軍戶可就不樂意了。

更要命的是，李隆基一朝的對外戰爭還很頻繁。李世民和李治四面作戰，為唐朝開拓了廣大的疆土，雖然大振了國威，但也拉長了中國的邊境線，增加了防守的難度。盛唐再強大也沒有辦法改變中國北方的降水量，沒有辦法改變農耕文明和游牧文明的分界線。隨著唐朝邊境向遠方開拓，守衛邊疆的成本直線上升。

到了武則天當皇帝的時候，很多曾經臣服的周邊民族開始蠢蠢欲動，甚至有的重新和大唐爲敵。到了李隆基統治時，李隆基像其他盛世君主一樣，因爲國力強大所以心高氣傲，喜歡對外用兵，發動了不少戰爭卻敗多勝少。敗仗越多，需要的士兵就越多，軍戶長期在外不能回家種田，又總吃敗仗，更是苦不堪言。

「可憐無定河邊骨，猶是春閨夢裡人。」王公貴族們覺得開疆拓土豪氣萬千，可是對於普通百姓來說，命只有一條，誰願意去賣命打仗呢？軍戶是國家強行規定的，府兵制是義務兵，如今打仗這麼頻繁，這麼辛苦，分到手的田地卻越來越少，誰還會願意做這種苦差事呢？所以，當時有很多軍戶逃跑。這些逃跑的農民本來就是士兵，手裡還有武器，於是潛入到深山老林中當起了土匪，反過來還擾亂了國家的治安。

府兵制到最後，已經沒有軍隊可用，維持不下去了。沒有辦法，李隆基只好把府兵制改成了募兵制。

募兵制就簡單了：國家出錢，僱用百姓打仗。這些士兵拿著國家發的俸祿，平時也就不用種地了，他們成了只負責打仗的職業軍人。因爲一門心思只打仗，所以士兵的戰鬥力提高了，而且國家也不用再拿出土地，打仗需要的錢從其他有土地的人手裡徵稅就可以了。

看起來募兵制把問題都解決了，其實它對唐朝的衰亡埋下了隱患。

府兵的本質身分是民，因為他們的吃喝是從種地中來的，打仗是不得不做的一項勞役，能不打仗最好還是不打，天天守著自己的土地過安心日子才好呢！而募兵制下的士兵都是職業軍人，他們的吃喝是靠打仗換來的，誰給他們錢，他們就願意為誰打仗，所以他們不怕造反——造反也是打仗，不造反也要打仗，都一樣——只要多打點不容易死掉的勝仗，上級多給點錢，他們就知足了。所以，募兵制代替府兵制，等於埋下了軍隊造反的種子。

募兵的戰鬥力比府兵強，但就算這樣，唐朝軍隊還是難以應付邊疆危機。當年李淵造反前負責守衛北方邊境，他手下的邊防軍是他造反的主力。因此，唐朝建立後，特別注意防備邊防將領專權。在府兵制時代，平時邊疆的常駐士兵數量很少，需要打仗的時候才臨時抽調士兵，臨時委派將領，打完仗後軍隊解散。而且府兵的主力大都備在首都附近，原則是「內重外輕」，對於那些常駐邊疆的將領，朝廷要求一個將領不能同時管理多個軍隊，不能管理地方財政事務，任職最多三年就會撤其兵權，把人調走。

顯然，這些規定都會大大降低軍隊的戰鬥力。府兵的主力在首都附近，有大規模戰爭時需要臨時開拔到邊境，漫長的路途讓軍費劇增。李隆基時邊境戰事頻繁，唐朝在東、西方都有敵人，等於是雙線作戰，沒事就把中央軍調來調去也不現實。

針對這些問題，李隆基進行了大刀闊斧的改革，他在全國設立了九個大軍區，每個軍區有一名「節度使」，管理轄區內的軍政大權，士兵就地招募，長期駐守，節度使和士兵之間的關係非常緊密。這樣一來，軍隊的戰鬥力果然大大提升，唐朝的對外作戰形勢有所好轉，打了一些勝仗，讓李隆基非常滿意。但這一措施也潛藏著危機：節度使的權力過大，出現了割據叛亂的危險。

唐朝的盛世，也就亡在這上面了。

我們還可以從更根本的角度來看節度使問題。對於社會制度，穩定性和效率往往不能兼顧，要追求一方，就難免要犧牲另一方。比如說，獨裁制是各種社會制度裡最不穩定的。獨裁者生病、去世、一時犯糊塗，甚至僅僅是心情不好，都會對國家帶來災難。但另一方面，獨裁者要想辦一件事，效率是最高的：皇帝一聲令下，全國所有的資源都得爲這件事服務，沒有任何人敢與皇帝爭。如果是多頭管理，穩定性增加，效率就降低了。還是拿古代中國做例子，皇帝本人獨裁，但是到了地方上是多頭管理：一個部門管民政、一個部門管軍事、一個部門負責監察，說不定還有皇帝派來的宦官在一邊監視著，這樣多頭管理，地方上是不容易欺上瞞下了，但執行效率也下降。皇帝那邊決策效率很高，一道命令下到地方上：執行吧！地方的那些官員就亂來了，有老實的認眞做事，有偷懶的渾水摸魚，還有壞的在裡面挖牆腳。A部門要B部門配合，B部門不爽：憑什麼呀！你們的事爲什麼要我出力？B部門要

C部門出力，C部門一想：誒，這是貪汙的好機會啊！反正這個任務這麼大，也不差我貪這一點。結果每個部門都這麼想，事情辦砸了都往別人身上推，這執行效率能高嗎？

唐朝的邊防也存在這個問題。唐初將領不能管理政務、將領要經常換防之類的政策，出發點是爲了政局穩定，想法當然是好的，但是這種不許一將獨大的制度會帶來效率上的損失，平白無故減少了軍隊的戰鬥力。

唐朝的問題，是唐初疆土開拓得太猛了，幾乎達到了古代中國可以防守的極限。唐初的皇帝自己打仗打得很爽，可是沒有想過等將來國力下降，或者周邊民族實力提高的時候，後輩該怎麼看守這麼大的疆土呢？

更慘的是人口增長、土地兼併和統治階層腐化，這些是古代王朝無法克服的難題，王朝存在得越久，這些問題就會越嚴重，國力下降是遲早的事。李隆基在國力無法支持邊疆戰爭的情況下，要麼選擇放棄國土，要麼就得用犧牲穩定性的代價來換軍隊的高效率，沒有別的路可選。而且隨著國力的持續下降，全盤的崩潰還是不可避免，不是在對外戰爭中潰退，就是在內部政變中覆滅，實際上，唐朝後期這兩樣慘事都湊齊了。

五

當時的唐朝主要有兩大邊境壓力，一個是位於西藏的吐蕃，這個新崛起的勢力幾次打敗大唐軍隊，實力不容小覷。另一大壓力在今天的河北地區，當時多個少數民族混居在此，情況非常混亂，不是一般將領能搞定的。

胡人安祿山就是個能搞定河北地區的超級人才。安祿山通曉六國語言（只學了一門外語還不及格的請自動去面壁），也很會混社會關係，在河北複雜的局勢中或打或詐或拉攏，在這裡保持了多年的安定，這是其他人比不了的。

因爲這個原因，李隆基十分重用安祿山。這原本不算錯，但是得了「老年昏庸病」的李隆基過於貪圖安逸，他讓安祿山長期擔任節度使也就算了，竟然還讓他兼任了三個地區的節度使，掌握了今天河北、遼寧西部、山西一帶的軍政大權。擁有這麼大的地盤，割據造反簡直是太容易的事了。

經過一段時間的準備，在李隆基七十歲高齡的時候，安祿山起兵造反。安祿山有一名部下叫做史思明，他在這場戰亂中也發揮了重要的作用，所以這場戰亂就用兩個人的姓命名，稱爲「安史之亂」。

當時的唐朝同時面臨來自吐蕃和河北的威脅，實際上等於是東、西雙線作戰。長安靠近西部邊境，因此唐朝把主力部隊都安排在了西線，這些部隊有保衛首都的重任，一時半刻不便抽調到東線。在中央呢？原本有大量府兵可以用，但是現在府兵制沒有了，都改成邊境將領自行募兵，中央也沒有足夠的軍隊，京城倒是有禁軍（即中央軍）守衛，但是因為承平日久，這些禁軍多是由市井游民小販組成，軍紀鬆散，根本沒法打仗，而且禁軍負責保衛京城，也不能輕易出擊，結果是整個唐朝沒有拿得出手的部隊可以對抗安祿山。安祿山的軍隊從河北出發，一路所向披靡，在很短的時間內就攻陷了東都洛陽。

這時，唐朝在東線還有一支能勉強抵擋住叛軍的部隊。按照後來學者們的分析，當時唐軍只要能堅守長安和洛陽之間的潼關，就能保證長安的安全，堅持到唐朝各地的軍隊調來以及叛軍內部衝突爆發，「安史之亂」可以在損失不大的情況下平息。但是李隆基這時已經方寸大亂，駐守潼關的是其他節度使的軍隊，其中不乏胡人將領。經過安祿山的叛亂，李隆基對胡人充滿了猜忌，他先是下令誅殺了據守不出的兩員名將，又強迫繼任者出關決戰，結果唐軍大敗，潼關失陷。

潼關是長安東邊的門戶，被攻破後，長安危在旦夕。聽到潼關淪陷的消息，李隆基帶著嬪妃、部分大臣在凌晨倉皇出逃，慌忙中連皇宮外的妃子、皇孫都來不及通知。按照習慣，權貴出行是要有人打前哨的，因爲古代沒有電話，得有一批人去通知前方的駐地安排好食宿、負責接待。結果李隆基派去打前哨的宦官，到了離長安不遠的咸陽縣，就和縣令一起逃跑了。李隆基一行人到了位於咸陽的行宮，發現宮中的人全跑光了，沒人招待他，出來時太倉促也沒帶吃的，結果李隆基到了中午連飯都沒吃到，最後是宰相楊國忠跑到街上，買了點燒餅回來，讓皇上將就吃了。就這點燒餅也不夠大夥吃，附近有老百姓送來一些麥飯，那些平時錦衣玉食的皇子、皇孫們連筷子都顧不得用，搶著用手抓著吃，都搶光了還沒吃飽，隨行的將士自然更是沒得吃了。

第二天，一行人走到一個叫「馬嵬驛」的地方。一路上，沿途官吏百姓早就跑光了，糧食財物也早被爭搶一空，負責保護李隆基的士兵跑了一天一夜也吃不到飯，各種舊怨累積在一起，再加上背後有人指使，終於發生了兵變。李隆基因爲得了「晚年昏庸病」，特別喜歡報喜不報憂的大臣，楊玉環的堂兄楊國忠因此得到李隆基的賞識，當了很多年宰相，很多錯誤的政策他都要爲之負責。在馬嵬驛，兵變的士兵先是自行殺掉了楊國忠一家人，又包圍了李隆基的居所，說楊國忠謀反，要求李隆基殺死楊玉環。

楊玉環和武則天不同，她對政治沒有野心，從不過問國事，一輩子只是專心服侍皇帝。楊國忠固然壞，但這是楊國忠和李隆基的錯，和楊玉環無關。但是在生死之間，沒有什麼公平不公平，爲了自己的身家性命，李隆基忍痛殺死了楊玉環，這才暫時穩住了禁軍。

這時的李隆基已經到了連心愛的女人都保護不了的地步，澈底失去了權勢。太子李亨本來就和李隆基不合，此時便和李隆基分道揚鑣。李隆基由禁軍保護進入四川避難，李亨去了寧夏，在當地節度使的支持下自行稱帝，尊李隆基爲太上皇。從法理上來說，未經李隆基同意就擅自登基，這等同於篡位，但是李隆基能自保已經是萬幸，想管也管不了啦！只能默認現狀。

安祿山是個武夫，雖然善於打仗，但是沒有定國安邦的本事，他的軍隊所到之處四處劫掠，做的還是游牧民族那一套。我們說過，在農耕地區如果不實行「儒表法裡」是沒有辦法長期統治。安祿山內政水準爲零，叛軍很快出了問題。先是安祿山被自己的兒子安慶緒殺死，安祿山手下的大將史思明又殺死了安慶緒，史思明又被自己的兒子史朝義殺死，史朝義又被部下李懷仙殺死。內部混亂至此，叛軍不戰自亂，「安史之亂」也就慢慢平息了。

六

「安史之亂」持續了七年。安祿山的叛軍一路瘋狂劫掠，動不動就大肆屠殺，占洛陽搶洛陽，占長安搶長安。唐軍也好不到哪裡，唐軍打仗要吃要穿，要拉人當兵，百姓同樣苦不堪言。大詩人杜甫創作的三〈吏〉、三〈別〉，就集中描寫了當時唐軍強徵百姓入伍的悲慘場面。

唐軍打不過叛軍，於是向游牧民族回紇求援。回紇當然不是白來幫忙的，進入洛陽一樣是大肆屠城搶劫。爲了抵擋叛軍，朝廷只能調用西線的防守部隊，造成西部邊防不穩，吐蕃接二連三入侵，甚至一度攻入長安，長安再次被洗劫一空。

戰爭把唐朝的國力消耗到了極限，官兵也把百姓壓榨到了極限。「安史之亂」過後，整個中國北方受到了嚴重的破壞，所謂「人煙斷絕，千里蕭條」、「蕭條淒慘，獸遊鬼哭」，如烈火烹油一般的「開元盛世」一下子被打沒了。

實際上，說是唐朝剿滅了叛軍，這話大有折扣。在平叛戰爭中，一些叛軍將領見風轉舵，投降了朝廷，這種投降只是名義上的臣服，軍隊、地盤都不上繳，只是要朝廷任命他們爲節度使，這些人掌管轄區內的一切軍政大權，不繳賦稅，權力還可以由子孫繼承，實際上，他們就是割據一方的軍閥。

「藩」的本意是「籬笆」，現在還有個詞叫「藩籬」。籬笆是用來保護家園的，因此「藩」還引申爲「保護」的意思。周王分封諸侯的一大目的是讓諸侯幫助王室抵禦外敵，所以在古代，「藩」還可以用來指由朝廷分封的諸侯國。「鎮」是唐朝的地方行政單位，在「安史之亂」之後，那些由中央朝廷任命的，獨立性很強的地方軍閥，就被稱爲「藩鎮」。

當時，並非所有的藩鎮都不聽朝廷號令，除了原本是叛軍舊部的一些藩鎮外，大部分藩鎮還向朝廷上繳賦稅，聽從調遣，因此唐朝沒有在「安史之亂」後立刻滅亡，仍舊維持了一百多年。

但是在這一百多年裡，唐朝進入了江河日下的「中晚唐」時期，首都被反覆攻陷，皇帝動不動就抱頭鼠竄，換句話說，從「安史之亂」後，唐王朝就一蹶不振。從時間點上看，「安史之亂」正好位於整個唐朝的中點。在一般人的印象裡，唐朝總和「強盛」連在一起，其實唐朝只有一半時間是強盛的。

在中晚唐，除了藩鎮割據是個大患外，還出現了另一個大問題：宦官專權。

要說這個壞的開頭也得算是從李隆基開始的。李隆基讓節度使手握重兵，他也知道這麼做不大可靠，於是派身邊的宦官去軍隊裡當監軍，宦官監軍的制度從此出現了。

宦官監督地方軍隊倒也不算大問題，「頂多」就是貪汙受賄、拖將領的後腿，更可怕的是宦官控制禁軍。李隆基重用宦官高力士，給了高力士影響禁軍的權力，從這時開始，唐朝有了宦官掌握禁軍的傳統。讓宦官掌握禁軍，就如同讓節度使掌握地方軍政大權一樣，都是統治者貪圖方便的糊塗決定。皇帝任用宦官，是覺得這種人從小和他們生活在一起，信得過，指揮起來省事，但因爲這種制度繞過了互相監督的官僚系統，其實是埋下了宦官造反的隱患。

「安史之亂」後，唐朝皇帝發現節度使不可靠，於是不斷擴大禁軍的規模，最終控制禁軍的宦官反過來控制皇帝，甚至可以任意廢立皇帝，宦官成了太上皇。

還有更慘的。唐朝北方農業發達，人口太多，無論是開墾土地還是造屋燒柴，都需要砍伐大量的樹木。盛唐的經濟發展造成了北方黃河流域植被大規模減少，植被減少導致黃河裡的泥沙增多、黃河下游水位變高。唐朝末年黃河多次決口，對晚唐王朝又是狠狠一擊。

百姓被逼到了生死邊緣，於是爆發了「黃巢之亂」。

黃巢他們家是大鹽商，很有錢。唐朝和其他古代王朝一樣，對商人有很多歧視性政策，商人地位要比普通人低一等。黃巢想要改變自己的社會地位，最好的辦法是參加科舉考試，可是他考試考不上，只覺得自己的前途一片灰暗，正好又遇到饑荒，於是乾脆造反吧！

因為遇到好時機，他一起兵，立刻有大量貧苦百姓參軍，很快就形成了一支聲勢浩大的軍隊。當時藩鎮四處割據，藩鎮為了自保，沒人願意出兵剿滅黃巢，因此黃巢在中國北方到處征戰，兩次攻陷長安，如入無人之境，而黃巢非常殘暴、嗜殺。

古代中國除了陸上絲綢之路外，還有海上絲綢之路，從中國東南沿海出發，與東南亞、印度等地的商人貿易。在自信開放的初唐，海上貿易也很發達，中國的沿海城市裡居住著很多外國商人。

結果黃巢攻陷廣州以後，大肆搶劫外商的貨物，屠殺外商十幾萬人，製造了血腥慘案。

黃巢殺起中國人也毫不手軟，他在很多地區屠城，尤其在長安殺官員、殺百姓，殺得血流成河，號稱「洗城」。

前面說過，從南北朝時期開始，門閥貴族的勢力就在不斷下降，武則天的時候大興科舉，門閥貴族開始逐步退出政治舞臺。不過，「瘦死的駱駝比馬大」，門閥的影響力並不是一天兩天能夠消除掉的。一直到了晚唐的時候，社會上還是覺得那些門閥大家族才有身分地位，甚至寧可與門閥貴族結婚，也不願意與皇室聯姻，唐文宗因此感嘆說：「我們家已經當了二百年的天子，到現在還比不上那些名門望族！」

門閥貴族澈底消滅是在什麼時候呢？就是在黃巢作亂的時候。黃巢攻入長安和洛陽後，成批成批地屠殺權貴，所謂「天街踏盡公卿骨」，到這個時候，門閥貴族是眞的沒了。

還有更恐怖的。黃巢造反的時候，唐朝經濟已經全面崩潰，無法支撐大規模的軍事行動，黃巢造反又是在饑荒的時候，他的大軍實在找不到吃的，就到處搜捕百姓吃人肉。

黃巢起義雖然最終被唐軍鎭壓，但國家經濟既然已經崩潰，動亂就不會停止。在黃巢之後，又出現了更爲血腥殘酷的叛軍，譬如黃巢將領秦宗權，在黃巢死後縱橫四年，那時更沒有糧食吃，他讓士兵四處抓捕百姓，把人肉醃了做糧食。這一系列動亂對中國帶來了巨大的災難，叛軍所到之處如同地獄一般，百姓被大量屠殺，經濟被澈底摧毀。

洛陽原本是唐朝的東都，是可以和長安媲美的世界第一流大都市，人口達百萬，但是到唐代末期，整個城市已經變爲廢墟，只留下遍地的白骨雜草，居民不到百戶。其他地方殘破成什麼樣可想而知。到了這個時候，唐朝政府別說控制局勢，連自保都不可能。最後是黃巢手下的降將朱溫滅了唐朝，把中國帶進了五代十國。

歷史上最完善的官僚制度——

北宋的建立

一

唐朝末年，遍地都是獨立的藩鎮，這時的局勢就和東漢末年一樣，國內陷入了全面的軍閥混戰之中。

唐朝滅亡之後的「五代十國」，就是一個很多軍閥互相攻伐、互相取代的時期。我們說到兩晉南北朝的時候，說它是一個「有很多國家，非常非常亂」的時期，「五代十國」也是類似情況，只是持續的時間短而已。兩晉南北朝有三百多年，五代十國只有五十多年。

所謂「五代」，指的是北方黃河流域互相更替的五個朝代；所謂「十國」，指的是和「五代」差不多同一時期，在江南地區存在的十個國家。

爲什麼北方的政權要稱爲「代」（朝代），南方的政權要稱爲「國」呢？

一個原因，是北方黃河流域（即我們俗稱的「中原」）從商周以來一直是中華文明的政治中心；另一個原因，是五代是一個政權接替一個政權，一路接替下來的，五代的最後一個政權是「後周」，接替後周的是後來統一中國的「宋」。中國的古代政權講究「正統」的問題，就是說，我這個皇位得有點來歷，不能說我憑空就稱帝，否則「名不正言不順」，不利於統治。宋朝接替的是後周，那宋朝爲了證明自己的正統性，就要把後周當成正統，這麼一代一代地往前一路倒推回去，那麼北方這五個政權也就必須都是正統了，所以北方的五個政權叫「朝代」，南方的那些政權都不算是正經的朝代了。

唐朝末年，軍閥割據，誰手中有兵誰就說了算，五代十國中的那些政權，全部都是軍人當政，武將衝入皇宮，搖身一變，就成了新皇帝。軍人當上了皇帝，也就把軍隊裡的那一套管理系統照搬到了政府裡。

軍人政治和官僚政治有很大的不同。在講官僚政治的時候我們說過，設計官僚系統的一大目標是穩定和平衡，採用的是多頭管理的辦法，辦一件事情要經過好幾個部門協調，每個部門還有其他的機構負責監督。但是軍隊的管理系統正好相反，要求簡潔高效，用的是單線管理，每一級將領都可以全權指揮他的部下，下屬沒有任何質疑的餘地，這樣上級的命令才能在最短的時間內貫徹到基層，否則在情況瞬息萬變的戰場上，要是兩個將領還互相制衡，還在那邊互相推卸責任，這仗就沒法打了。

軍人政治在戰場上如魚得水，但是到了政府機構裡就暴露了大問題：將領手中的權力沒有人制衡，當將領有二心的時候，很容易起兵造反。五代十國在短短五十年裡就出現了五次政權更替，全是由軍人政變造成的。

宋朝的第一個皇帝——宋太祖趙匡胤也是這麼當上皇帝的。他原本是後周的禁軍將領，禁軍中很多將領都是他的嫡系。後周皇帝去世後，繼位的小皇帝只有七歲，利用這個機會，趙匡胤謊稱敵國入侵，調動禁軍來到距離首都不遠一個叫做「陳橋」的地方。在他的授意下，手下把事先準備好的黃袍披在了他的身上，擁戴他當了皇帝。趙匡胤帶著禁軍殺回首都，毫無疑義地奪得了政權。因爲趙匡胤在宋州擔任節度使，因此國號爲「宋」，這就是「陳橋兵變」和「黃袍加身」的故事。

二

粗讀歷史，可能會產生一個印象：中國歷史是在不斷循環的，這是階級史觀留給我們的印象。

在階級史觀看來，中國古代史的主要衝突是被剝削階級（農民）和剝削階級（地主）之間的衝突，每一次朝代末年的混戰，都被看成是農民反抗地主的爭鬥，但每一次混戰過後，新的王朝還是由地主和農民這兩個階級構成的，所以在階級史觀看來，朝代和朝代是一樣的，是換湯不換藥。從秦代到清代的這段歷史，中國根本沒有進步，只是在「大王朝」和「農民戰爭」之間不斷循環。

但我們還可以換一個角度來看。我們說過，中國人有重視歷史的優秀傳統，每一代統治者都試圖以史爲鑒，從歷史中總結統治得失，希望自己能避免前代統治者的失誤，這樣的政治傳統，怎麼可能沒有進步呢？

宋朝在建立以後，統治者也總結了前代的失誤。

前朝有哪些失誤呢？

唐朝滅亡的主要原因我們總結過，有兩個：一個是地方軍人權力太大，導致軍閥割據；另一個是宦官專政，威脅皇權。五代十國的教訓也很明顯：五代十國的滅亡大多是因爲軍人政變，也就是說，壞事壞在了軍權被少數幾個將領壟斷上。

這三個教訓說的其實是同一件事：兵權過於集中。藩鎮割據是因爲兵權集中在地方官的手裡；軍人政變頻繁，是因爲兵權集中在了中央武將的手裡，這兩點我們很好理解，那宦官專政，爲什麼也和兵權集中有關呢？

在唐朝，政府的結構是個金字塔型：金字塔的最上面，是少數幾個最重要的大臣，他們相當於古代的宰相，或者今天的行政院長，他們直接向皇帝彙報工作、商討政務。這幾個宰相的下面，是數個政府部門——負責人事的吏部，負責民政的戶部，負責軍事的兵部等等，這些部門是做實際工作的。宰相得到了皇帝的命令後，再去責成這些部門完成工作，從隋朝以後的朝廷基本都是這個結構。在這個結構裡，除了皇帝以外，權力最大的官員就是宰相。宰相直接統籌百官的工作，理論上皇帝只要安排了優秀的宰相，國家大事就不用擔心了，但是這個系統有一個漏洞：皇帝和宰相每天只有有限的一點時間可以見面，不上班的時候皇帝住在深宮裡，宰相人在皇宮之外，如果有緊急的公務，需要有人把皇帝的命令傳遞出來，在唐代，這個負責傳遞命令的人就是宦官。另外，皇帝每天要處理大量的公文，撰寫、批改公文是一件很辛苦的事，他需要有人幫助他書寫文件，在今天，這個工作是由祕書完成的，在唐代，這項工作是由宦官代勞的。這樣一來，宦官擁有了替皇帝批改文件和傳遞文件的權力，也就有條件透過代寫皇帝的命令來控制朝廷。如果宦官只有此等權力，還不足以廢立皇帝，他們還需要一項重要的權力：禁軍的兵權。

在唐代，要做到這一點並不難。宦官成天陪在皇帝身邊，很容易取得皇帝的信任，而禁軍的最高統帥只有有限的幾個人，他們擁有控制軍隊的全部權力，皇帝只要一時高興，把這幾個職位都交給了宦官，宦官就可以隨意控制禁軍，沒人能制衡他們了，所以，宦官專權的本質原因也在於軍權過於集中。

其實，與宦官不宦官的關係都不大。不管皇帝任命誰統帥禁軍，只要那個人手中的軍權過大，都會威脅到皇權，皇帝不可能保證自己從來不看走眼，不會委任陰謀家當將軍；也不可能保證將軍一輩子不會野心膨脹，所以，最好的辦法是分散軍權，不把軍權交到一兩個人的手裡。

三

宋朝的制度和前朝相比，就是朝這個方向改進的。

首先是解決地方軍閥割據的問題。宋朝採用「強幹弱枝」的政策，由中央直接控制規模龐大的禁軍。禁軍原本是皇帝個人的衛戍部隊，只用來保衛首都和皇帝的安全，數量不是很多，但是宋朝的禁軍多達幾十萬人，這些禁軍實際上就是中央軍。宋朝的禁軍不僅人數眾多，戰鬥力也是最強的。朝廷要求各地向中央選拔最優秀的軍人加入禁軍，禁軍的裝備、訓練、給養也都是最好的，保證禁軍能打得過地方軍隊。北宋前期還要求中央軍定期輪換到各地駐軍，這樣既加強了邊疆的防守力量，也達到了監視地方的作用。而且派到各地去的中央軍，將領都是臨時任命的，將領和士兵並不熟悉，這就是著名的「兵不知將，將不知兵」，這就有效避免了士兵只忠於將領，不忠於朝廷的問題，不會再出現安祿山那樣的軍閥了。

在中央，宋朝進行了分權的改革。唐朝不是有幾個宰相統籌所有政府部門的事務嗎？趙匡胤認爲宰相的權力太大了，他保留了宰相這個職位，但是宰相的權力縮小了，財政權和軍權都被分離出去。原來的宰相，現在變成了三個平行的機構：一個是「中書門下」，就是原來的宰相府，原來是什麼都管，現在只能管行政事務了；一個是「樞密院」，這是管軍事的；在北宋前期，還有一個「三司」，這是管財政的。

三個部門，三個長官，互相獨立，誰也管不了誰，都直接向皇帝彙報，聽皇帝的命令，這樣任何一個官員都不可能一人獨大：不管是有錢沒軍隊，還是有軍隊沒錢，總之單獨一個部門什麼事都做不了。

對於中央軍的處理，宋朝統治者也是處心積慮。

我們都知道「杯酒釋兵權」的故事。據說趙匡胤當上皇帝以後，在一次酒席上把幾名大將的軍權剝奪了。其實這幾名大將統帥的並不是全國的軍隊，他們只是中央軍的領導人，趙匡胤把中央軍的軍權拿到手以後，也採用類似的辦法，把中央軍分成三個部分，上面不設更大的長官，三個軍隊的將軍都直接聽命於皇帝，這樣，三支軍隊互相制衡，武將想發動政變的成功率就大大降低了。

光這樣還是不放心，趙匡胤又把調兵的權力給了樞密院，而管理樞密院的，都是一群文官，這麼一來，要調動軍隊就得經歷這樣一個複雜的過程：首先得有皇帝的命令，這個命令先到樞密院，透過樞密院的文官下達調動令，軍隊才能從駐地開拔，而負責指揮軍隊的，不是樞密院，而是另外指派的武將。軍隊還得花錢吃糧啊！在軍隊開拔前還要動用國庫，還得透過三司。

你看一個軍隊的開拔，中間要牽扯很多部門，這些部門又互相獨立，都單獨向皇帝一個人負責，任何一個官員都不可能以一己之力指揮軍隊，政變的可能性就小了很多。

宋朝避免軍人政變的另一個辦法，是採用重文輕武的政策。樞密院是最高軍事機構，但武將如果要在樞密院當官，就會受到文官的層層阻撓。

北宋的時候，有一員名將叫做狄青，他出身十分低賤，是因為犯法被發配充軍的，但他作戰勇猛，從底層小兵做起，一路靠軍功爬到將軍的位置。宋朝的配軍為了防止逃跑，要在臉上刺字，狄青為了遮掩刺字，在打仗時戴著青銅面具，還披頭散髮，樣子十分駭人。狄青在和西夏的戰爭中屢建奇功，收復了不少失地，這麼一個軍事奇才，皇帝打算重用他，任命他當樞密院的長官，這一下輿論譁然，文官們都不同意，上書說讓一個配軍出身的武夫進樞密院，皇帝你這是亂政，咱們大宋沒這規矩。皇帝執意要用狄青，這些文官們就成天盯著狄青的一舉一動，天天挑他的毛病，雞毛蒜皮的事也要拿出來攻擊一番，甚至胡說狄青家的狗長角，這是不祥之兆啊！最後，皇帝只能屈從輿論，不得不把狄青撤職外派，狄青在鬱悶中病故。

從宋朝官員的反應中，可以看出宋人對五代軍人政變的極端警惕，爲了宋朝的長治久安，官員的這種反應是對的。狄青很可能是被冤枉的，但冤枉了他一個，能保證宋朝再也沒有武將兵變的危險，用一個武將的冤屈換來國家的安定，這買賣是划算的。

大規模的分散權力，保證了宋朝再也沒有武將、宦官干政的可能。試想，假設皇帝昏庸，非要讓身邊的宦官執掌兵權，那他把宦官往哪裡派呢？往哪裡派都只能擁有一小部分權力，就算讓宦官去執掌權力最大的樞密院，可是樞密院裡管事的還不止一個人。宋朝吸取唐朝的教訓，不允許宦官學習知識，你說一個沒知識的宦官跑到樞密院裡面對一大堆瞧不起他的文官，他又沒有絕對的權力，他還不得被文官們群起攻訐？

僅僅分散官員的權力還不夠，宋朝還要限制皇帝本人的權力。道理很簡單，所謂權臣、宦官專權，很多時候其實是皇帝本人犯糊塗，自己把大權交到了某個野心家的手裡。假如皇權太大，皇帝犯糊塗的時候就沒人能管得了他，所以趙匡胤還提高了文官集團的地位，規定皇帝必須尊重文官集團的意見，不能獨斷專行，而是要「與士大夫治天下」。

有這麼一段故事：宋仁宗有一位特別寵愛的貴妃，想讓自己的伯父當「宣徽使」，這是一個掌管宮廷內務的官，有點類似於清代的內務府總管。這個貴妃就成天向仁宗洗腦、求他，仁宗喜歡她呀！就滿口答應了。有一天上朝前，這貴妃一直把仁宗送到大殿門口，用手摸著仁宗的後背說：「今天您可別忘了宣徽使這事情啊！」仁宗連說：「沒問題，沒問題。」然後仁宗上朝後，就下了一道旨，任命貴妃的伯父當宣徽使。這旨意下去後，時任御史中丞（相當於現今監察院院長）的包拯跳了出來，說這事不行！然後當場滔滔不絕，歷數反對的理由，因為說得太激動，竟然把唾沫噴到了仁宗的臉上。仁宗一看實在撐不住了，只好收回了命令，怏怏地回後宮去了，回去還向貴妃抱怨說：「你就知道找我要宣徽使、宣徽使，你不知道御史中丞是包拯嗎？」這則故事載於宋朝的文人筆記中，細節未必可靠，但反映出一個事實：在宋朝前期，皇帝的權力實在小得可以。「宣徽使」並不是能左右朝政的重要官職，但就是這麼個官，皇帝也不能隨便任命，得符合法律手續、遵守儒家官僚的道德共識。在這種制度下，皇帝要是想犯糊塗，任命個弄臣、宦官或者外戚來把持朝政，這是根本不可能的事。

四

當然，在獨裁社會裡，任何政策在執行的時候都會打折扣，因爲皇帝權力太大，總能想到一些繞開祖制的辦法。

到了北宋末年，宋神宗開始改革政治制度，把大權集中在自己的手裡，趙匡胤定下的平衡制度被陸續破壞了。這就牽涉到「如何讓制度保持不變」的問題，這是一個兩難的事，一方面，時代形勢總是在變化，僵化不變的制度總會跟不上新的形勢，對朝政帶來危機；但另一方面，如果允許後人隨意改制，那開國時精心設計的制度就會淪爲空談。就拿宋朝來說，趙匡胤設計的君臣互相制衡的制度本意是好的，但是後來的皇帝只站在自己的角度看問題，只覺得這種制度束手束腳，貪圖方便把舊制度一腳踢開，皇帝自己是舒服了，卻對國家留下了巨大的隱患。

古人也不是沒想辦法，想要保持制度永久不變，就必須把制度的權威性，放到一切權力之上，連皇權都沒有它大，這個權威古人找到了兩個，一個是儒家道德，一個是皇室的「祖宗家法」。

儒家道德就不用說了，單說祖宗家法。我們看古裝電視劇，有時會看到年輕的皇帝想要施行點什麼新政策，也不是什麼大事，結果那些大臣們全都跪下了，一個個大叫著：「某某規定是祖宗家法啊！不能改呀！」我們可能會覺得這些大臣太討厭了，抱著上百年前訂下來的老規矩不放，頑固愚昧。但其實換一個角度想，這些大臣對「祖宗家法」的無條件崇拜，是在維持國家的基本制度不變，皇帝要改的雖然是小事，但是這個破口一旦開了，就會面臨國家制度被完全破壞的險境，從這個角度上講，祖宗家法其實相當於今天的憲法。

然而，因爲古代王朝是君主專制國家而不是法治國家，祖宗家法也好，憲法也好，無法對皇帝構成絕對的束縛，皇帝或者其他掌權者只要有心，總能想出辦法破壞掉祖宗家法，因此建國時的舊制度被破壞，也就成了早晚的事。

我們說過，古代王朝隨著時間的推移，會出現一些沒法解決的問題，如：人口增多、土地兼併、官員貪腐等，這個「制度被破壞」也是一個幾乎無解的問題。到了北宋末年和南宋的時候，國家裡出現了不少權臣，皇帝也犯了不少的錯誤，甚至還出現了童貫這個權傾天下的大宦官。

即便最後制度還是被破壞了，整體來說，宋朝制度在避免武將政變、宦官專權方面做得很好，明、清吸收了宋朝的經驗，因此明、清兩朝也是一樣，有大權在握的宦官、權臣，但這些宦官和權臣都不能威脅皇權，只要皇帝一皺眉頭，他們立刻灰飛煙滅，唐朝宦官可以隨意廢立皇帝的事，再也沒有發生過。因此我們可以說，宋朝實行的政治制度，是中國古代政治史上的一次進步，讓中國的君主專制制度更加穩定了。

穿越者的理想時代——

垂足坐與印刷術

宋初精心設計的制度帶來了穩定的政局，穩定的政局帶來了繁榮的經濟，宋朝經濟的一大特點是商業發達。

影響古代商業發展的一大障礙是交通成本。古代陸上運輸的成本太高了，像糧食、礦產這些不易運輸的貨物，陸上的運輸成本常常是貨物本身的幾倍、幾十倍，商業的利潤都被巨大的運輸成本抵消了，唯一的解決辦法是水運，因此在古代，只有在河流、海港旁邊才能形成商業城市。

楊廣把大運河修好後，運河沿岸的城市都開始繁榮起來。五代十國時，很多政權都把首都設在開封，就是因爲開封的水運十分便利，可以方便地從南方運糧食過來，北宋定都開封，也有這個原因。

開封城位於中國水上交通的中心點，僅城內就有四條穿城而過的河流，這些河流、運河以開封城爲起點，伸向中國的四面八方，南來北往的貨物在這裡交匯，再加上商業稅是宋朝政府重要的經濟來源，朝廷對商業頗爲支持，因此宋朝的商業是中國歷史上最爲發達的，開封是當時全中國，乃至全球最繁榮的商業城市。

宋、元以後的明、清兩朝都採取抑制商業的政策，除了明末有短暫的商業繁榮外，民間的商業活動都受到政府的打壓。中國的商業真正復甦，那要等到清朝末年了。可以說，宋、元時期的商業繁榮在中國古代史上是空前絕後的。

商業活動有個讓統治者很討厭的地方，就是會導致自由散漫，這是鼓勵商業必然的代價。宋朝的商業繁榮，影響之一就是結束了唐朝城市的「里坊制」。

唐朝的城市是封閉型的，稍微大一點的商店只能開設在專門的「市」裡，一到了晚上，市的大門就會關上，大家都要停業，顯然這樣的規定太不利於商業活動，商人不願意，老百姓也有意見。到了唐朝末年，長安城東西市的時間限制就已經沒人遵守了。里坊制的廢弛，是商業活動越來越繁榮的大趨勢。

宋朝剛建立的時候，也想在開封城內採用里坊制，畢竟這樣便於管理，但是到了宋仁宗的時候，隨著商業繁榮，里坊制已經無法維持了。里坊制一取消，城裡就再也沒有深宅大院一般的坊和市。宋朝的城市就像我們現代的城市一樣，是完全開放的，房子可以緊鄰街道，商店可以隨處開設，到了晚上老百姓也可以隨便閒逛，〈清明上河圖〉就是描寫北宋末期開封城街景的長卷。在這幅畫裡，我們可以看到街邊的小店支著遮陽傘，擺著方桌，方桌旁放著長凳，顧客可以在街邊的長凳上吃喝、休息，這場景和我們今天的街邊商店別無二致。

因爲沒有坊牆的限制，宋朝城市出現了一種我們很熟悉的現象——「侵街」，也就是出攤占道，商販擺攤、老百姓私搭亂蓋，擴大房屋面積，侵占街道，甚至商人和老百姓還去侵占直通皇宮大門的中央大道，以至於這條大道成了當時最繁榮的商業街。宋朝皇帝好幾次下旨，三令五申說要嚴厲打擊侵街行爲，結果也沒能制止，最後乾脆默認了這種行爲。後來，政府還向私搭亂蓋的房子收稅，把侵街合法化了。

沒有了經營時間的限制，宋朝城市內有很多通宵經營的商店，也有很多可以玩樂的地方，有酒樓、茶樓，也有曲藝劇場。宋朝的城裡人晚上在酒樓裡吃飽了飯，可以去看戲、聽曲、逛街、喝茶，夜生活和今天相比也毫不遜色。

二

唐朝之前的中國，可以稱爲「貴族社會」，統治社會的大都是世襲貴族，最起碼也是大富大貴之家。從宋朝開始，因爲印刷術的普及以及文官地位的提高，普通百姓也有機會成爲知識分子，進入上層社會，所謂「朝爲田舍郎，暮登天子堂」，權力階層越來越平民化了。

商業的普及，也讓下層百姓變得更加富裕，可以過起優雅、文明的生活，可以這麼說，和之前的王朝相比，宋朝是一個平民的幸福感更強的時代，這點在唐、宋的藝術作品中也可以看出來。唐朝的人物畫裡貴族居多，宋朝的人物畫就有相當多的作品是描寫勞動者和普通百姓的日常生活。

宋朝百姓生活還有一大變化：人們的坐姿從跪坐變成了垂足坐。

在原始時代，人類生活水準比較低，生活上是越省事越好，所以那個時候沒有家具，飯碗、水盆之類的用具就直接放在地上，人也直接坐在地上。地上潮溼、髒，就在身子下面墊上一塊席子，這就是「席地而坐」。

席地而坐除了節約家具，還減少了建築難度：人們都坐在地上，平時的活動高度就比坐在椅子上低，房子也就不需要蓋得特別高。在遠古時代，蓋房子太費力了，席地而坐的習慣為古代的建築師們減輕了不小的壓力。世界各地的原始部落家裡都沒有椅子，都是坐在地上的，這是同一個道理。

到了周朝，貴族用得起家具了，但還是延續了席地而坐的習慣，還是坐在地上，所用的家具只是一些矮几，睡覺也睡在矮床上。

席地而坐是有規矩的。在正式場合，比如會客的時候，應該採用「跪坐」的方式，也就是跪在地上，臀部坐在自己的腳後跟上，上身直立。如果不這樣坐，會被認為非常失禮。跪坐具體的樣子，可以參考三國題材的影視劇和日本的古裝片。

跪坐的時候，人的膝蓋是在身體前面的，所以有個成語叫「促膝談心」。「促」是靠近的意思，「促膝談心」的意思是說，兩個人跪坐說話的時候，膝蓋離得很近，說明這兩個人靠得非常近，說的都是一些私密的眞心話。

席地而坐的時代，桌子也很矮，相當於現在的矮几，稱為「案」。有一個成語叫「舉案齊眉」，用來形容夫妻互敬互愛，這裡的「案」是食案，就是吃飯的時候用的小飯桌。在宋朝之前，人們吃飯是分餐制，哪怕一大群人一起吃飯，大家也不共用一個桌子，而是每個人面前有一個小食案，上面放著自己的那份飯菜。因為採用的是分餐制，所以食案的體積不大，有點像現在的托盤，雙手就能捧起來。「舉案齊眉」說的是妻子向丈夫獻上食物時，雙手捧著食案舉到了眉毛那麼高的位置，表示恭敬。想像一下這個姿勢，只有在妻子和丈夫都跪坐的時候才比較合理，如果妻子採用的是站姿，舉案也不是不可以，但那就太考驗妻子的臂力和腕力了，手一抖就把一桌子菜扣到丈夫腦袋上了。

在中原民眾席地而坐的同時，中國周邊的民族，比如北方的游牧民族，西邊的西域人民乃至歐洲人，大家早就習慣使用高足坐具——也就是椅子、凳子之類的了。在魏晉南北朝時期，隨著游牧民族入主中原、絲綢之路的興盛以及佛教的傳入，高足坐具開始進入上層社會。當然一開始這種習慣是不登大雅之堂的，正式場合還不這麼坐。唐朝是過渡期，唐朝前期大家在正式場合還都是跪坐，到了晚唐的時候，正式場合也可以坐在椅子上了。到了宋朝，椅子全面普及，全社會都用桌椅、板凳了。

在講到趙匡胤削減宰相權力的時候，很多書都會提到這麼一件事：五代十國時，宰相在皇帝面前說話都是坐著的。有一次，趙匡胤趁著宰相站著說話的時候，叫人把宰相的椅子悄悄撤掉。宰相說完話回頭一看，唉呀媽呀，我的椅子呢？沒有辦法，只能站著，從此以後，宰相在皇帝面前就只能站著說話了。在〈清明上河圖〉裡，我們也能清楚地看到，北宋末年的街上到處都是凳子，人們都習慣高足坐具了。

三

宋朝普通人也有機會讀書當官，這和印刷術的普及有很大關係。

印刷術的價值在於可以快速複製文字。在印刷術產生之前，人們想要複製文字，只能一個字一個字地抄寫；有了印刷術，就可以快速複製一頁文字和圖畫：印刷工人把白紙放到印有油墨的雕版上，用力壓一遍，一張印刷品就製作好了。

印刷術是人類文化史上一次極爲重要的革命，意義僅次於造紙術。

在講簡牘的時候我們說過，書籍的製作和流通成本決定了培養知識分子的成本，決定了全國知識分子的數量，也就決定了古代政府的結構。

紙張的發明降低了書籍的價格，書籍不再是貴族世代流傳的傳家寶，祖上並非是貴族的人家，只要家裡有錢，也能讀得起書。因此在東晉末年的時候，出身寒門的知識分子才能逐漸登上政治舞臺，削弱門閥貴族的勢力，因此到了隋、唐的時候，國家才有條件開科舉，逐漸廢除了門閥政治。

有了印刷術，書籍的成本又一次大規模下降了，不僅文字的複製速度大大提高，而且印刷工人根本用不著識字就能生產書籍。我們說過，在古代培養一個知識分子的成本很高，有了印刷術，書籍就從文人筆下的藝術品變成了民間作坊裡的普通商品。宋朝出版業非常發達，書商僱幾個小夥計就能開版印書。到了宋朝，普通人家也能購買得起書籍了，因此宋朝的讀書人不僅出身於「寒門」，還可以出身於中低收入的家庭，甚至窮人家在一起湊一湊錢，也能供得起子弟讀書考試，也有機會當官翻身，這使得宋朝的官員更懂得民間疾苦，社會的流動性更好，也就更穩定。

印刷術的繁榮還創造了新的字體。前面說過，隸書、楷書和行書都是爲了書寫方便而誕生的，宋體字則是爲了雕刻方便誕生的。宋朝的印刷工匠一開始模仿當時名家的字體雕刻書版，後來到了明朝，工匠爲了方便，逐漸誕生了專門用來印刷的字體。因爲這種字體承襲自宋朝書籍，所以稱爲「宋體字」——換句話說，「宋體字」其實是在明朝出現的。宋體字大量採用直角，是爲了便於工人雕刻，筆劃橫平豎直，在印刷粗糙、油墨不足時也容易辨認。現在，宋體字在書籍和電子出版物中仍被廣泛使用。

印刷術更大的貢獻是保存了很多珍貴的書籍。

無論是簡牘、絹帛還是紙張，這些文字的載體都不容易保存，著火、受潮、蟲蛀都會輕易地摧毀它們。尤其是中國歷史實在是太長了，在漫長的時間裡有無數的刀兵火災，動不動就是一群人焚燒宮殿、焚燒藏書閣，又或者縱兵劫掠，每一次都是圖書的大災難。

宋朝之前的書籍，手抄的份數有限，能夠流傳到今天的眞正原版書太少太少了，也就是古墓裡發現的幾片竹簡、一點點絹帛的碎片，我們之所以知道很多古書說的是什麼，全依賴宋朝人的印刷術。宋朝因爲印刷術普及，印刷了很多前朝的古書，因爲印刷份數很多，這些書籍才得以保存下來。有些宋朝文人的作品裡，引用了過去古書的隻言片語，學者們把這些隻言片語摘錄到一起，也可以大致猜測出該書的原貌。

要是沒有宋朝的印刷術，中國文化會有更多的遺失，會有更多的文字被訛傳，我們卻不知道。

四

引起革命的印刷術，是「雕版印刷」，而不是「活字印刷」。

什麼是雕版印刷呢？就是說，想印一頁書，就把這頁書上所有的字和圖案都雕刻在一個印版上（一般是木板），然後拿去印刷。這本書一共有多少頁，就得雕刻多少個印版，這個印版也只能用來印刷這本書，如果說想印刷別的書，或者這本書要改動一些字句，那就得重新雕刻印版。

什麼是活字印刷呢？就是雕版工人不是一頁一頁書地雕刻，而是一個字一個字地雕刻，每個字雕成一個小方塊。在印刷之前，多了一個「排版」的步驟，就是把一個一個字塊按照書稿的順序放到一個印版裡，都放滿了，把這個印版固定好，就拿去印刷了。等印刷完這本書後，把印版拆開，拆下來的字塊又可以用來印刷新的書籍。顯然，活字印刷成本更低，因爲字塊可以反覆使用，而且錯了一兩個字還很容易修改。近現代我們使用的大部分印刷術都是活字印刷，在歐洲產生深遠影響，促成宗教改革和文化大發展的，也是活字印刷術。

宋朝以後，印刷出版已經變成了一種產業，在利潤的驅動下，商人們絞盡腦汁改進生產技術，降低印刷成本，有很多人研究活字印刷術。經過技術改良，之前木活字的技術問題都解決了，可是木活字相比雕版印刷還是不夠實用。因爲活字的優點、特點是一個字塊能多次使用，可是木製的活字耐用性太差，用上一段時間就壞了，沒能發揮出活字印刷的優勢。耐用的是銅活字，但銅在中國古代是非常重要的戰略物資，是用來製造貨幣的，因爲產銅量滿足不了經濟的需求，宋朝還不得不發行紙幣「交子」。銅如此珍貴，怎麼可能用來印刷呢？在整個中國古代史上，也有人用木活字、銅活字印刷過書籍，但都是局部的、一時的行爲，眞正大規模使用的都是木質的雕版印刷。

所以爲中國歷史帶來深遠影響的，是雕版印刷，而不是活字印刷。銅活字在中國大量使用要到清朝末年了，用的還是從西方人的手裡學來的技術，這個技術，是一個叫做「古騰堡」的歐洲人發明的。

說古騰堡是活字印刷術的發明者，是因爲他克服了金屬活字印刷的各種技術細節，他使用螺旋式壓印器代替手工印刷，增加了印刷的效率，讓活字印刷眞正實用，這才是問題的關鍵。中國人比西方人使用活字印刷的年代早多了，爲什麼到了清末還要向西方人學習印刷技術呢？所學的，就是這些技術細節。

人越多越壞事的典範——

宋朝的內憂外患

一

宋朝的內政制度頗有亮點，卻遇到了來自外部的大問題：境外強敵。

宋朝有點時運不濟，在它所處的時代，亞洲地區氣溫逐漸變冷，北方游牧地區牧草減產，不少牲畜凍餓而死。在生存的壓力下，北方的游牧民族更加團結，過去互相爭奪牧場的部落紛紛聯合起來，一波接著一波地向南進攻。

中國北方的農業區也因爲降溫而減產，經濟受挫，軍事實力也就隨之下降。雪上加霜的是唐朝因爲北方人口眾多，亂砍濫伐造成了水土流失，黃河不斷氾濫。宋朝時，黃河氾濫更加嚴重，出現了幾次黃河改道，對國家帶來巨大的經濟損失。

在大環境的影響下，早在唐朝末年中原一片戰亂的時候，周邊民族就開始侵蝕中原的土地。趙匡胤建立宋朝後，抵禦這些入侵是他必須解決的歷史遺留問題。

其中最大的威脅，是位於中國東北部的契丹。

契丹在唐朝時崛起，原本在今天中國的東北地區以及內蒙古自治區東部一帶活動，總之，就是長期盤踞在長城以北地區。但是到了五代的時候，中國北方有個叫石敬瑭的軍閥爲了得到契丹的援助，主動把今天的北京市、天津市，以及山東省和河北省北部這片地區割讓給契丹，這片地區，被稱作「燕雲十六州」或者「幽雲十六州」。

在中國歷史上，中原軍閥向少數民族稱臣、納貢、借兵都不是什麼新鮮事，就連唐朝開國皇帝李淵都曾經向突厥人稱臣。但是，石敬瑭這次割讓燕雲十六州的行為影響太大，以至於澈底改變了中國的歷史。

燕雲十六州的特別之處在於，它的北端是東西向的燕山山脈，是這一地區南北之間的唯一天險，長城就建立在燕山山脈上。燕雲十六州被契丹人占去後，長城防線也就不復存在了，契丹士兵可以輕而易舉地進入中原，這還在其次，更重要的是契丹得到了大量的農田和農業人口。

游牧民族的優勢在於騎兵勇猛，農耕民族的優勢在於糧食多、人口多。契丹占領了燕雲十六州後，把當地的百姓編入原有的游牧部落，讓每一個部落都有了農業地區的人口和糧食支援，等於兼具了游牧民族和農業民族的優勢。契丹人還積極漢化，用漢人的方式統治燕雲十六州，並且建立國家，國號「遼」。

宋人明白燕雲十六州的重要性，宋朝建立以後，幾次向北作戰企圖奪回十六州，但遼國已經有了農業人口的支持，戰鬥力大大提升。宋朝的北伐軍最遠的一次打到了今天的北京市西直門外，但最後還是功虧一簣，大敗而歸。

打不下來，要不就防守吧！但防守也是個大問題，這和北宋的都城位置有關。

唐朝自「安史之亂」後，內亂不斷，長安和洛陽這兩個首都被接二連三的洗劫，到後來幾乎成爲一片廢墟，因此五代十國的時候，北方政權大都把首都定在了今天的河南省開封市，當時稱爲「汴梁」或「東京」。

開封距離洛陽不遠，也位於中原地區的中心。和洛陽相比，開封還有更加便利的水運條件。經過五代十國的不斷建設，開封已經變得非常繁榮，宋朝定都開封是順理成章的事，但和洛陽相比，開封有個致命的缺陷：防禦力太差。

開封雖然距離洛陽不遠，但是兩者的地形有天壤之別：洛陽北面是黃河，其餘三面環山，整個洛陽地區等於是在四周天塹包圍下的一小片平原，位置得天獨厚，所以才成爲歷朝古都。開封呢？除了北邊有黃河外，周圍全是平原，黃河以北的大片土地也都是平原，沒有可以用來防禦的地勢，尤其是對於游牧民族的騎兵，簡直就是待宰的羔羊。

趙匡胤先是延續後周的制度，定都開封，等到國事穩定後，趙匡胤曾經和身邊的人討論過要不要遷都洛陽，也沒商量出個結論，這事就拖下來了。

或許趙匡胤覺得，這個問題可以過幾年再解決。可是沒想到，有一天，他突然暴病身亡了。

據說當天的情況是這樣：這天晚上，趙匡胤和他的弟弟趙光義一起喝酒，宮女、宦官都不許入內。據屋外的人講，他們藉著屋裡的燭光看到窗戶上人影晃動，趙匡胤用「斧」戳地，兩個人似乎發生了爭執。後來倆人喝完酒，趙光義睡在了宮中，半夜，趙匡胤就暴斃身亡了。這段故事，就是俗稱的「燭影斧聲」。

這件事只在宋人的野史中有記錄，史學家們既找不到支持它的證據，也找不到反駁它的理由，連趙匡胤戳到地上的「斧」到底是能砍人的大斧，還是用來當鎮紙的小斧，又或者是個拂塵，歷史學家也沒有達成共識，這個事件是個千古疑案。

爲什麼人們對這個疑案這麼感興趣呢？是因爲趙匡胤暴斃後，繼承皇位的是他的弟弟趙光義，而不是趙匡胤的嫡長子。

不管趙光義有沒有弒君，他的繼位都違反了嫡長子繼承制，當時就有人質疑他繼位的合法性，甚至還有人策劃發動政變，試圖擁立趙匡胤的兒子繼位。

在這種特殊的情況下，趙光義一定要選擇定都開封了，因爲在即位之前，趙光義的身分是開封市「市長」，等於開封是他的勢力範圍，而洛陽市的「市長」是趙匡胤兒子的岳父，爲了穩住帝位，趙光義只能待在開封。

這可苦了北宋的邊防軍。

從遼國邊境到開封，騎兵只需要三四天的時間就可以到達黃河岸邊，遼軍占盡了機動優勢。這不單單是個軍事問題，還是個經濟問題：沒有天塹可以倚仗，大宋就需要駐紮數倍於平時的防衛軍。又因爲遼國擁有機動優勢，這些軍隊又不能平時種田、戰時組織，必須時刻保持戰鬥狀態。

打仗是古代最花錢的事，宋朝即便在和平時期也要保持一支龐大的作戰隊伍，這對國力是極大的消耗。

光抵抗一個遼國還不算，在中國的西北地方，今天的甘肅省全境、寧夏北部、內蒙古西部等地，又崛起了一個新勢力——由党項人建立的「夏」政權，歷史上稱爲「西夏」。西夏比遼國弱一些，但不比北宋差，和北宋經常發生戰爭。北宋要面臨雙線作戰的壓力，每年耗資巨大，卻只能混一個自保。

二

不單單是外敵的危險，宋朝的統治制度也有問題。

在講李隆基時，我們說過制度的穩定性和效率的關係問題，這兩者要追求一個，就要犧牲另一個。唐朝亡就亡在一味地追求效率，放棄了政權的穩定性。節度使獨大、宦官專權，都是制度缺乏穩定性的表現。

宋朝吸收了唐朝的教訓，設計制度時非常看重穩定，但與此同時，也就犧牲了效率。

先說軍隊。宋朝的經濟非常繁榮，從帳面上說，軍隊實力也很強大：軍隊數量多，物資儲備多。我們說過，決定戰爭勝負的關鍵是國力，照這麼看，宋朝應該是個軍事強國才對，可惜，強大的帳面優勢被低效率抵消了。

宋朝採用「強幹弱枝」的政策，資源向中央軍傾斜；又經常輪替將領，保證「兵不知將，將不知兵」，讓兵將之間不能好好合作；又重文輕武，讓文官挾制武將，降低武將的地位，這些措施都降低了軍隊的戰鬥力。戰鬥力降低了，為了保證邊境的安穩，國家就要供養更多的部隊，以彌補效率上的損失。大宋對養兵倒是捨得花錢，士兵的福利很不錯，結果為了供養一支龐大的常備軍讓國家財政苦不堪言，這就是所謂的「冗兵」。

再說朝廷。宋朝的文人筆記裡記載了這麼一件事：說趙匡胤當上皇帝後，有一天要求大內為他造一個熏籠。

「熏籠」是什麼呢？古人喜歡用個小爐子燒點炭取暖，或者燒點熏香。這個爐子燙人，它危險啊！所以要在外面再罩一個小籠子，這樣小爐子就可以抱在懷裡或者塞到被窩裡了，這個小籠子就是「熏籠」。

趙匡胤要大內造一個熏籠，這命令傳下去了，結果等了好幾天都沒造好。趙匡胤急了，問底下的人：「怎麼還沒造好啊？」底下的人回答：這件事，得經過尙書省、部、寺、局，一級一級批准、辦手續，然後再復奏到皇上面前，您批准了，這熏籠才能開始製造。趙匡胤一聽就崩潰了，找來宰相問：「兄弟我當年在民間，花幾十文銅錢就能買個熏籠，現在做了天子，想弄個熏籠怎麼這麼費勁啊？」宰相回答：「這些規矩不是爲您設計的，而是爲您的子孫後代設計的。將來您的子孫如果想造一些奢侈的東西，他就必須經過相關部門的層層審批，還可能有負責監督皇帝的官員（諫官）去彈劾他。」趙匡胤一聽就明白了，這才轉怒爲喜。

這個故事說明了什麼呢？一個是說趙匡胤當年的良苦用心，不惜用複雜的官僚制度去牽制皇權，但另一方面，也說明爲了保持國家的穩定要付出多大的效率代價，皇帝造個日常用品都需要這麼繁瑣的手續，那要做點大事，得多費勁啊？

一件事負責的人越多，效率就越差，甚至根本完成不了。

宋朝政府就有辦事效率低下的問題。爲了分權，一件事好幾個部門辦，增加了官員的數量，可是辦事效率反倒下降了，而且人越多，效率越低，這就是「冗官」。

宋朝重文輕武，優待文官，官僚都有不錯的薪水和福利，光養官員就是一筆龐大的支出。爲了減少戰爭壓力，宋朝還每年給西夏和遼國大筆的「歲幣」，以換取和平，再加上龐大的軍費，這些都對國家帶來巨大的經濟負擔。日益加重的土地兼併又減少了國家的收入，結果是國家財政入不敷出，這是「冗費」。

「冗兵」、「冗官」、「冗費」用低效率拖了國家的後腿，這還不算，隨著科舉制度的日漸完善和發展，宋朝的統治者們又面臨一個新問題：黨爭。

三

宋朝時所稱的「黨」，簡單的說，就是私人組成的利益集團。

在原始社會裡，原始人沒有集體的概念，可是他們會自然而然地結成一個個小團體、小部落，道理很簡單：集體的力量比個人大，小團體可以輕鬆戰勝落單的人。誰拒絕加入團體，誰就會被別的團體扳倒，無法生存下去。

古代的政治生活是「儒表法裡」，在儒的道德規矩下面，還有法家的殘酷爭鬥。政治爭鬥是你死我活的，不是我扳倒你，就是你扳倒我，個人想要生存下去，就必須依附在強者身邊。在魏晉的門閥社會裡，家族背景最強大，官員們依靠的是自己的家族。到了晚唐以後的科舉時代，官員大都是寒門出身了，沒有背景，爲了能夠生存下去，這些人也就要像原始人結成部落那樣，自動形成一個一個的小集團，這個小集團，在古代就稱爲「黨」。這裡的「黨」和我們今天的「政黨」不是同一回事，它沒有嚴密的組織和政治綱領，是一群爲了個人利益而走到一起，互相幫助、共同進退的官員。在古代的政治話語裡，「黨」是貶義詞，代表著危害社會的小團體。因爲在儒家看來，社會秩序是靠禮制來維持的，你該幹嘛就幹嘛，都是按照你的身分規定好的，如果你私下結成了小團體，以小團體的利益爲上，這就破壞了社會秩序，所以孔子說「君子不黨」，反對「朋黨」。

對於國家來說，朋黨最大的問題，是官員把小集體的利益凌駕於國家利益之上。對於政策的褒貶，他們想的不是這個政策對國家的好壞，而是這個政策對自己的朋黨是否有利；對於官員的升降，他們想的不是官員的能力品格，而是這個官員是屬於哪個朋黨。

朋黨之間的互相攻擊稱爲「黨爭」。如果官場上的大部分人都忙於黨爭，忙於互相拆臺，這個國家就更亂了。

宋朝最有名的黨爭是「新舊黨爭」。前面說過，宋朝的制度問題其實有很多，到了宋神宗時，各種弊病累積得太多了，再加上邊境戰爭的巨大壓力，國家已經有衰敗的跡象。朝廷中的很多大臣都有進行改革的願望，其中最有名的兩個人，一個是大文學家王安石，一個是大史學家司馬光。

王安石是一個激進派，他向皇帝提出了涉及政治、經濟、軍事、人事的全方位改革計畫。他的很多改革方案本身是好的，但是再好的方案也不能一口氣全部執行，這樣國家受不了——前一個這麼做的人是王莽，我們都知道他後來的下場。可是那時候的宋神宗只有二十歲，年輕人心氣高，總恨不得一下子就把國家振興起來。王安石的天才想法和慷慨激昂的說辭（畢竟是大文學家嘛！）說動了宋神宗，很快，這一大堆改革「新法」就全面展開了。

王安石的改革方案特別激進，以至於有些設計脫離實際，比如：他提出由國家向農民提供低息貸款，以今天的眼光看，這是一件國家和百姓雙贏的好事，但是他的想法太超前，很多技術問題考慮不周，國家的執行力也跟不上，比如：低息貸款在現代社會應該是由商業銀行負責執行，去鑒別哪個農戶可以放款，去監督農戶不要把錢亂花。但王安石在執行的時候，這些貸款變成了政府的一道命令，政府命令到了基層就變成了強制執行，官員管你農戶需不需要貸款，他只管完成自己的任務，強制農戶貸款、交利息，反倒成了一項禍國殃民的壞政策。

王安石的改革方案太激進，因此有很多人反對他，反對者中的首領就是司馬光。司馬光也不是不想改革，但他的方案還是儒家的老一套：鼓勵農業生產、節約政府開支之類，於是在改革的問題上，王安石派「新黨」和司馬光派「舊黨」就打起來了。這事一旦分成了派別，原本單純的技術問題就變成了選邊問題。朝廷上的官員紛紛選邊，選好了一方就開始攻擊另一方，在朝廷上展開了全面的黨爭。

這件事的結果，是大臣們做什麼事都要先想黨派的問題，然後才去考慮國家。比如王安石爲了壯大己方的力量，提拔了一些雖然支持改革，但是人品很差的人，結果是既激化了黨派之間的衝突，又損害了改革的效果。司馬光也有問題，王安石的改革政策並非都是壞的，但是司馬光在上臺後，凡是王安石提出的改革政策，一律反對，全盤否定，結果國家辛辛苦苦改革了十幾年，到頭來什麼都沒有改變，把改革發展的時機都耽誤了。

後來，宋朝的朝廷完全陷入了黨爭的泥潭，朝堂上成天都在爲一點小事爭論不休，於是「宋人議論未定，兵已渡河」，朝廷還在爭論，敵兵已經打過來了。

史上地位最高的漢奸——

南宋的建立

北宋內憂外患，幾乎無解。隨著北方游牧民族越來越強大，宋朝內部問題越來越多，北宋滅亡只是時間問題，但是滅掉北宋的不是遼國。

游牧民族南下進入農耕地區後必然要漢化，向農業文明靠近，遼國也是一樣，從占領燕雲十六州那天起，遼國逐漸從游牧部落變成了農耕國家。經濟實力雖然增加，軍事水準卻下降了。在遼國的北面，其他的民族也想攻入南方謀取生機。成功打敗遼國的，是在中國東北地區崛起的女眞族。

北宋末年，女眞建國，國號爲「金」。這時的女眞還帶著關外民族的彪悍，而遼國已經統治了漢地一百多年，染上了農業政權的各種弊病，再加上當時的遼國統治者貪圖享樂，國事敗壞，因此金國在和遼國的戰爭中很快取得了優勢。這對於與遼國苦苦作戰的宋朝來說，自然是個好消息。然而，當時宋朝的皇帝宋徽宗是個昏君。

宋徽宗的藝術造詣非常高，他琴棋書畫樣樣精通，獨創書法「瘦金體」，花鳥畫細緻入微，他單靠自己的藝術成就，就能在中國藝術史上留下濃墨重彩的一筆，但是我們曾說過，藝術和政治難以相容。藝術追求的是浪漫，是遠離現實，是肆意張揚；政治追求的是現實，是隱忍，是妥協。古往今來，有不少藝術造詣很高的皇帝在統治上很失敗。尤其是那些藝術風格婉約細膩的統治者，他們大都喜好享樂，不知民間疾苦。南北朝末年，寫了〈玉樹後庭花〉的陳後主——陳叔寶；安史之亂時，改編了〈霓裳羽衣曲〉的李隆基；五代十國末年，寫了「問君能有幾多愁，恰似一江春水向東流」的李後主——李煜等等，都是這類皇帝。

宋徽宗也是這樣的人，他喜好享樂，生活窮奢極欲，宮中美女甚多。他尤其喜歡奇花異石，爲此在蘇州設立了一個部門，專門爲他搜刮異石，用船運到首都，花費巨大，百姓苦不堪言。他還大興土木建造宮殿，在宮殿中建立山丘，把這些異石都布置進去。開山鑿河在古代是耗資巨大的工程，宋徽宗在國家經濟已經入不敷出的時候，還這麼奢靡無度，對風雨飄搖的國家來說無異於雪上加霜。

《水滸傳》裡描寫的宋江和方臘就在這個時候造反，但和《水滸傳》的描寫不同，歷史上既沒有梁山伯聚義，也沒有一百單八將，宋江一夥人的聲勢極小，只能算是一小股流寇。相比之下，方臘造反的規模要大很多。出現這種大規模的百姓造反，說明國家對百姓的壓榨已經到了極限，離經濟崩潰也不遠了。

前文介紹過，在北宋初年，趙匡胤想要造一個熏爐都要經過國家部門的層層審批，要受到官員的監督與制衡，爲什麼宋徽宗就可以奢靡無度呢？

這是因爲在王安石變法時，爲了提高改革的效率，皇權被加強。原來皇帝和官員互相制衡的朝廷，變成了誰依附皇帝，誰就能得勢的皇帝獨裁制度，皇帝可以輕而易舉地扶植討他喜歡的大臣。偏偏宋徽宗又是個喜好享樂的昏君，在他的扶植下，蔡京、童貫等奸臣一度權傾朝野。

因爲沒有人再能制衡皇帝犯錯，因此北宋末年的變亂，有很大部分責任要皇帝本人來負。北宋政權的確內憂外患，困難重重，但假如沒有宋徽宗和他兒子宋欽宗接二連三的胡來，政局其實還有挽回的餘地。

二

金國崛起以後，拉攏大宋簽訂合約，一起進攻遼國。

因爲金國和大宋之間隔著一個遼國，兩國聯絡的時候需要渡海，所以兩國簽訂的合約稱爲「海上之盟」。雙方約定，金國從北面進攻遼國，大宋由南邊進攻。大宋的主要目標是燕京，也就是今天的北京地區。打完仗後，雙方以長城爲界，大宋可以收回燕京一帶的領土，還要把每年給遼國的歲幣轉給金國。

這是個非常划算的事。燕京是燕雲十六州的核心地區，也就是說，大宋只需要趁火打劫，就能收復祖輩孜孜以求了一百多年的土地。當年石敬瑭犯下的千古錯誤，終於可以得到彌補了，但是宋徽宗不爭氣呀！

宋徽宗這個人在政治上非常幼稚，他沒有遠見，喜歡占小便宜，膽子又小。見到金國在遼國背後捅刀，他興高采烈地和金國簽訂了合約，可是簽完之後又有些害怕。金國是剛剛崛起的小部落，萬一沒打過大遼，咱們貿然出手不是反受其辱嗎？於是宋徽宗一開始按兵不動先觀望著，等到人家打得差不多了，在遼國敗勢已定的情況下，這才決定發兵。

到最後關頭才發兵，這場仗必定勝了吧？

十幾萬宋軍殺氣騰騰地奔向燕京，結果被亡國在即的遼國迎頭痛擊。大宋接連發動兩次進攻，都大敗而歸。這種必贏的戰爭都能打輸，說明北宋政治、軍事已經敗壞得無可救藥了。宋徽宗實在打不下燕京，只好向金國求援。結果金兵輕而易舉地就攻下了城池。仗打完了，遼國滅亡了，可是宋朝原本應該拿到的土地現在還在金兵的手裡，宋徽宗只能腆著臉找金國要。但大金也是一個馬上打天下的國家，你以爲他好惹嗎？大宋打仗弱成這樣，金人已然對大宋的領土垂涎欲滴了，而且金國也占理。金太祖對前來索要領土的宋朝使者說，咱們說好了由你們來打燕京，結果我們攻入燕京的時候，一個宋兵都沒瞧見啊！後來，金人還是把燕京給大宋了，但大宋進貢給金國的歲幣漲了價，而且留給宋朝的燕京，是一座被劫掠一空、百姓全都被擄走的空城。

這場戰爭宋朝打得千瘡百孔，如果是正常一點的統治者，應該好好反省一下問題出在哪裡，抓緊時間整治軍務，結果宋徽宗把心思都放在了占小便宜上。金國手下有個遼國的降將，一心想要恢復遼國，他暗中和宋朝聯絡，表示願意投降。宋徽宗一看，咦，這是個便宜呀！沒有考慮後果，立刻就接受了。

這邊金國早就看出了宋朝的軟弱可欺，降將事件正好給了金國藉口，金國以宋徽宗違反盟約為由，興兵問罪。

這時宋徽宗的反應就很令人髮指了。這事你要麼不做，要做就做到底。金人的大軍來了，宋徽宗才想起來害怕，立刻把那個降將給殺了。但降將事件只是個藉口，金人自然不肯退兵。

在這個事件中，宋徽宗等於兩次背信棄義：一次違反了和金國之間的盟約，給了金國進攻的藉口；一次殺了降將，讓天下人都知道他是個為了自保而出賣手下的懦夫，那誰還肯為他賣命呢？這直接導致一些曾經投降大宋的遼國將領，轉身又投降了金國。

這邊金兵已經氣勢洶洶地殺過來了，宋朝軍備廢弛，沒人能擋得住金兵。嚇破了膽的宋徽宗把皇位傳給了太子，也就是宋欽宗，算是把爛攤子留給兒子了。

黃河原本是金兵和開封之間唯一的天險，可是負責防守黃河的宋兵在燒掉浮橋後就落荒而逃了。因爲缺少船隻，金兵只能慢慢運兵，整個渡河用了五天時間。我們說過，渡河是最適合進攻的時機，可是在這五天時間裡，宋軍一點動作都沒有。金人因此取笑宋軍說，假如有一兩千人守河，我們怎麼可能過得來呢！

此時宋徽宗聽到金人渡過黃河的消息，嚇得連夜坐船逃跑，留下兒子抵擋金兵。金人攻到城下，滿朝文武亂作一團，這時文臣李綱主動擔負起抵抗的職責。宋欽宗也想學老爸逃跑，是因爲李綱的苦勸，才勉強留了下來。作爲文臣，李綱防守得十分出色，多次抵抗住金兵的進攻。金人見得不到便宜，便提出非常苛刻的退兵條件：割讓三處重要城鎮、支付巨額賠款、交出親王和宰相爲人質。

注意，這場宋、金之間的戰爭，和之前的宋、遼戰爭有本質的區別。

之前的遼國已經經營了燕雲十六州很多年，生活方式已經農耕化，因此宋、遼戰爭是兩個農耕國家之間的戰爭，比的是誰的田地更多，誰的士兵更英勇。但是此時的金國剛剛崛起，剛打下遼國的農業區，還沒來得及建立自己的農業政府，還不能把這些農田變成生產力。因此，金國和大宋之間的戰爭，類似於游牧民族劫掠農耕民族的模式：金人兵強馬壯，但是人數很少，不可能占領大片的領土，也缺少長期作戰的資本，所以金人的戰略目標是搶一把就跑，沒打算長久占領宋人的土地。

在這次入侵中，金人的軍隊一開始就直撲開封，中間路過的城鎮凡是防守嚴密的，一律繞過不打，只求以最快的速度推到開封城下。到了開封，金人發現還是打不下來，於是就改為敲詐，打算敲上一筆鉅款就走，也算達到目的了。

李綱識破了金人的計謀：開封城一時半刻是打不下來的，現在各地的勤王軍隊正不斷地朝開封聚攏，只要再堅持幾日，金兵毫無勝算，因此他力勸欽宗不要答應金人的條件，然而欽宗已經偷偷派使者去了金營表示同意。金人要親王做人質，欽宗就把自己的小弟弟趙構派去當人質。金人索要的賠款數目太大，欽宗的大臣們就在開封城內瘋狂搜刮民財，他們貼出告示嚇唬百姓，說金人一旦攻破城池，「男人殺盡，婦女擄盡」，逼百姓交出錢來。

果然，勤王的部隊不斷進入開封城，到後來已經達到二十萬人之多，人數比金兵多了好幾倍，即便在這種情況下，欽宗還是不敢和金人展開決戰，他只進行了一次小規模的偷襲行動，失敗後立刻嚇得再也不敢派兵出擊。金人在形勢很不利的情況下，帶著賠款和割地的和約，大搖大擺地撤兵了。

三

與此同時，宋朝還在內鬥。

宋徽宗跑了是因爲嚇破了膽，等驚魂已定，心思又開始浮動了。他帶著蔡京、童貫等人跑到鎮江，花了大筆錢財營造宮室，企圖在這裡繼續過他的奢靡生活。宋朝以後，中國的經濟重心轉移到了南方，開封等地的物資都要從南方運輸。駐紮在南方的宋徽宗竟然截留了送到北方的物資和軍隊，企圖另立中央。

遇見這種爭權的事，皇帝們是一點都不含糊的。宋欽宗立刻施展手段，先是把宋徽宗接到了開封置於自己的監督之下，又將蔡京、童貫等父皇的黨羽或流放或處死。從此，宋欽宗和宋徽宗開始了長時間的內鬥，朝廷更沒有精力顧及軍事和外交了。

另一方面，被割讓的三鎮百姓不願意接受金人的統治，他們組織起來抵抗金兵，拒不交出城池。太原堅守了八個月，城內到了人相食的地步才被攻破，守將兵敗自殺；眞定府以不滿兩千守軍抗金，四十天後城破，兩名守將一人兵敗自殺，一人被俘後被殺。

金兵借著攻打三鎮的機會，順勢再次南侵。金兵又一次打到了黃河邊上，黃河南岸原本有十二萬宋軍布防，結果金人徹夜擊鼓，就把對岸的宋軍嚇退，金兵再一次順利地渡過黃河。金國剛剛崛起，兵力還不足以統治整個中國，因此跨過黃河的金人提議和大宋從此以黃河為界。

這個提議等於要宋朝又割讓出大片領土。結果宋欽宗立刻同意了條件，派出三路使者去和金人和談。這個喪權辱國的決定大失民心，三路使者都受到了沿途百姓和守軍的襲擊，要麼被殺，要麼差點被殺，全都狼狽地跑了回來。

因為三路使者沒有一路能到得了金營，金軍以為和談不成，便開始攻打開封城。這時上一次勤王的軍隊已經撤了，但開封城內的士兵也有十萬人。相比之下，進攻的金兵只有八萬。在古代戰爭中，防守一方可以依託城牆占有很大的優勢，因此一般情況下，攻城一方的兵力必須是防守方的數倍才能取勝。當然，金兵的戰鬥力要遠強於宋兵，但是開封是堂堂國都，城牆高大堅固，還有各種各樣用來守城的大型武器，因此防守實力並不弱於金兵。而且金人不耐夏季的酷熱，到了夏天的雨季還會弓弦脫膠，馬匹生病，所以金兵臨近夏季就要撤退。宋軍只需要拖延時間，等待夏季以及各地勤王部隊的到來就能獲勝，但是宋欽宗還要繼續自找死路。

因為宋欽宗崇信道教，崇道成為當時的社會風氣。這時冒出來一個叫做郭京的道士，他號稱能訓練「六甲神兵」，只需用兵七千七百七十七人，就能蕩平敵軍，生擒敵酋。這種不著邊際的鬼話竟然說動了朝廷。郭京奉命在城中招攬士兵，他挑人不看戰鬥素質，只看生辰八字，胡亂拼湊了一批烏合之眾。在金人進攻的關鍵時刻，郭京被命令帶兵退敵，結果他要求守城軍民都退下城樓，留他自己在城樓上作法，然後叫那七千多名「神兵」打開城門，正面迎敵。不用說，這些人根本不是金兵的對手，一觸即潰，郭京藉口下城作法，也逃之夭夭。金兵則趁著城防空虛，占領了開封的外城。

金兵只擅長在野外平地上作戰，對於城市巷戰並無優勢。金兵攻占外城後，開封城內的軍民士氣很高昂，很多百姓主動報名要求參加巷戰，金兵人數又少，因此金人沒有直接進攻內城，他們有更絕妙的主意——開封的軍民不聽金人的話，可是他們的皇帝聽呀！

於是金人故技重施，對著城裡的皇室開始大肆勒索。上次金人只在城外，宋欽宗就已經嚇瘋了，這次更是徹底精神崩潰，甚至親自跑到金人的軍營裡求和。金人開了一個胃口極大的單子，要求上交城裡所有的馬匹、武器和金銀財寶，還索要宮女兩千五百人、樂女一千五百人、工匠三千人。徽宗和欽宗立刻一一照辦。

國家淪陷的時候，難免會出現一些出賣同胞的漢奸，但這一次當「漢奸」的竟然是皇帝和太上皇。他們為了滿足侵略者的私欲，竭盡全力地掠奪自己的子民，可是金人所要的款項太大，二宗實在籌集不出，於是金人又開出了價碼：可以用貴族女性來代替賠款。在這個價目單中，甚至在「帝姬」、「王妃」的後面也標上了價錢。別說是對一國之君，就算普通的一家之主，這也是莫大的侮辱，可是二宗一個「不」字都不敢說，馬上向金營源源不斷地送去各種貴族女性。當時的開封府尹（開封市市長）乾脆強搶民女，把她們打扮一番，當成貴族女性充數。

金人也意識到宋廷以民女充數，於是找出宋朝皇宮裡的內侍，由他們指認，要徽宗、欽宗把皇后、嬪妃、王妃、公主等一一交出，無論是普通的民女還是高貴的嬪妃、公主，她們在金營裡都受到了悲慘的待遇。宋朝的男人不把她們當人看，只把她們當成乞和求饒的工具；金國的男人也不把她們當人看，只把她們當成了可以肆意蹂躪的戰利品。金人要求這些女性陪酒、侍寢，甚至還邀請宋徽宗來參加宴會，稍有不從的女性，立刻被殘殺致死。

大肆搜刮後，金人也沒能放過二宗，他們押著徽宗、欽宗、擄來的數千女性，以及親王、大臣、能工巧匠和巨額的財寶、宮室器物，浩浩蕩蕩地向北撤退，臨走時還焚燒了開封城。那個〈清明上河圖〉中的繁榮帝都，此時已經幾近廢墟了。

一路上，被擄的宋人受盡折磨，金人隨意凌辱女俘，甚至連皇后、王妃都遭受猥褻。再加上一路飢寒交迫，原本三千四百多名貴族女性，路上就死去了一千五百多人，所謂「地獄之苦，無加於此」。

四

在很多時候，儒家道德表現得很虛偽，「儒表法裡」嘛！古代很多權貴在儒家道德的遮掩下，壞事做絕，生活奢靡無度。但即便是這虛偽的「儒表」，終究還是有點好處：信奉儒家思想的人，即便私底下再壞，面子上的禮儀還是一定要有。

好比說古代官場互相傾軋常常不擇手段，什麼誣陷啊！下大獄啊！施酷刑啊！全家斬盡殺絕啊！什麼爛事都做得出來，可是這些人在公開場合見面的時候，面子上的客氣還是要有，還是要斯斯文文地說話，即便是水火不容的仇敵，也沒有見面就捲起袖子罵街，這叫「體面」。

因爲這個體面，中國各個儒家王朝互相更替的時候，對於前朝遺民大多優待，保護遺族、保護陵寢。這當然有收買人心的目的，但也有「保持體面」的考慮，大家都是文明人，還是多保留一點斯文吧！

可是，金國崛起時間太短，還沒有受到儒家道德的薰陶，只有少年乍富的得意。金國和大宋並沒有多少宿怨，但是在擄走北宋皇室後，金人舉行了一場毫無下限的受降儀式：他們要大宋的皇子、嬪妃等一千多人脫去衣服，光著上身，披著羊皮，讓兩個皇帝和兩個皇后領頭，跪在金人的宗廟面前舉行降服儀式——金人把這些俘虜當成了獻祭祖宗的祭品。隨後，二宗等貴族被發配到偏遠地區，過著貧寒的農耕生活；上百名宮女、妃子被選來侍奉金人的王公貴族，甚至充爲軍妓。

宋欽宗登基時的年號爲「靖康」，以上的事件都發生在靖康年間，因此這段歷史被稱爲「靖康之恥」。

從某種意義上說，這場國難倒是捎帶有一個「好處」，最起碼禍害國家的那兩位皇帝下臺了，新皇帝上臺後，不就可以盡除舊弊，重振大宋了嗎？

不行！因爲宋徽宗他們家的糊塗蛋一口氣出了三個，第三位才剛剛登上舞臺呢！

當初金人要求以黃河爲界的時候，宋欽宗不是派出了三個使者隊伍嗎？宋欽宗的另一個弟弟趙構就在其中一個隊伍裡。中途他因爲害怕被俘沒有去金營，留在了半路，還沒有回去呢！就得到了金兵圍困開封的消息。

此時趙構的手下有一大群勤王部隊，這批部隊實際上已經能和金兵抗衡了，但是趙構跟他爹一樣膽小，他只派了一小部分人去開封支援，自己則帶著大部分軍隊繞著開封城轉了一個大圈——他只想遠離戰場，可是又不敢掉頭而去，免得急於勤王的屬下不滿，於是只能繞圈。

這圈繞得足夠大，終於耗到金人擄掠二宗北返。這一次金人把宋朝皇室一網打盡，宋欽宗的兒子也被金人擄走。宋欽宗沒了兒子，按照繼承規則，下一個順序是宋欽宗的兄弟們，也就是宋徽宗的其他皇子。這裡面唯一沒有被擄走的就是在外面逃跑的趙構，於是趙構在南京稱帝，他成了南宋朝廷的第一個皇帝，也就是宋高宗。

不久以後，金人又開始進攻。

在整個戰役裡，趙構的行為可以用一個字來概括：跑。基本流程是金人打到一個地方，離著還有很遠的距離，趙構就開始逃跑。金人再攻陷一處，趙構又轉身就跑。金人一路進攻，趙構一路逃跑，走投無路的時候甚至向金軍統帥寫了一封卑躬屈膝的求和信。信中說：您看我沒兵防守，也沒有地方可去，天網恢恢，我能往哪裡跑呢？我惶恐不安，無處可去，求您老可憐可憐我，放了我吧！「唯冀閣下之見哀而赦己也！」極盡卑賤之能事，為了苟活，連最後一點尊嚴也不要了。

當然，金人不予理睬。

於是，又跑啊……跑啊……跑……最後實在沒處可去，就乾脆乘船跑到了海上。

五

趙構一路狼狽逃竄，對於抗金的軍民來說倒是個好消息，因爲在「靖康之難」裡，皇帝駐守在開封，是戰是降，什麼時候打，什麼時候求和，這些事都得皇帝說了算，有了徽宗和欽宗這兩個懦弱的指揮官，這仗怎麼都打不贏。

現在趙構一路亂跑，撒手不管，有志反抗的軍民倒是可以放手一搏了。金人倉促立國，兵力只夠劫掠，因此只要作戰時間一久就會暴露弱點，再加上中國南方多河的地形也不適合金人作戰，因此只要宋人齊心協力，打敗金人並不是難事。

在這場戰爭中，還出現了兩個天才級的將領：韓世忠和岳飛。在一次金人的大舉進攻下，韓世忠反敗爲勝，差一點就全殲金軍主力。韓世忠出身貧寒，卻胸懷韜略，爲人正直，是與岳飛齊名的抗金名將。岳飛更是軍事奇才，他的部隊號稱「岳家軍」，在對金作戰中所向披靡，屢戰屢勝。最厲害的一次，岳飛重創金軍主力，一路逼近開封。當時金國疲憊，而南宋的經濟、軍事恢復情況都很不錯，再加上北方地區有大量的百姓願意支持抗金事業，金國又出現內鬥。以當時的形勢看，岳飛恢復北宋領土，甚至一鼓作氣恢復燕雲十六州都是有可能的。

但是，岳飛的獲勝和趙構的利益產生了根本的衝突。一方面，趙構是個膽小鬼，在對金的戰爭中，他是萬事以逃跑爲上，爲了保全性命甘願付出一切代價。舉個例子，中國歷代的南方政權都首選南京爲國都，趙構也是在南京登基的，可是趙構不顧百官的苦勸，非要選擇杭州市（當時稱爲「臨安」）作爲首都。因爲杭州更遠離前線，也更容易出海。

這麼一個無能膽小的人，對形勢的判斷自然過於悲觀，所以他害怕岳飛主動出擊，在給岳飛的指令中，多次囑咐他不要和金軍的主力決戰，他生怕一次慘敗輸光了家底，又會引來金兵席捲。

另一方面，如果岳飛眞的獲得全勝，打敗了金軍，甚至恢復了北宋故土，那岳飛等於立下了不世之功，這功勞太大了，如果都讓一個人得了去，那時的岳飛會不會擁兵自重，反而威脅到皇權？雖然岳飛本人在趙構面前極其恭順，後世的史學家們也都認爲岳飛沒有野心，但趙構多疑的性格讓他總不能放心。

也就是說，在趙構看來，無論岳飛是打勝仗還是打敗仗，都會威脅到自己的身家安全，所以他最反對的就是岳飛主動出擊。可是岳飛總把「靖康恥」掛在嘴邊，總在策劃「直搗黃龍府」，偏偏這說法又符合朝野上下的呼聲，趙構根本沒法反駁——你爸爸、你哥哥被金人當奴隸一般使喚，你的元配夫人、你的姐妹被金人凌辱，這種情況下你公開說咱們不進攻了，咱們不復仇了，不救這些人了？那你還是不是人啊！

所以，本以為自己是精忠報國的岳飛，實際上是把皇帝放到了火堆上去烤。這個時候，拯救趙構的天使來了，這個人叫秦檜。

秦檜是個堅定的投降派，甚至有的歷史學家認為，他其實是金人派來的奸細。金人在和岳飛的戰爭中連吃敗仗，授意秦檜促成兩國的和談。趙構和秦檜倆人一拍即合，開始了一唱一和的和談之路。

在這條求和之路上，最大的阻礙就是以岳飛為首的主戰派。就是在這個背景下，在戰場形勢全面占優的情況下，岳飛被趙構強行從前線拉了回來，剝奪了軍權。不久之後，又以「莫須有」的罪名被趙構和秦檜處死。光處死岳飛還不夠，趙構和秦檜又對和岳飛有關的人進行大清洗，株連之廣令人匪夷所思，甚至因為厭惡「岳」字，下令把「岳州」改成了「純州」。

岳飛之死，是中國歷史上的一大冤案。

在迫害岳飛和其他主戰派的同時，趙構和秦檜與金人簽訂了和約。宋朝在原本軍事占優勢的情況下向金國稱臣，每年進貢大筆金錢，甚至還把岳飛攻下的土地又割讓給了金國。

趙構之後，繼任的宋朝皇帝開始為岳飛平反，但是上一代的名將已經被屠戮乾淨，金人逐漸學會了如何統治農耕文明，如何把農田變爲自己的生產力。另一方面，南宋和北宋相比，失去了半壁江山，也就失去了大筆的收入，可是每年給西夏、金國的進貢，以及龐大的軍費並沒有減少，因此時間拖得越久，南宋的國力就越弱，再想恢復岳飛時的軍事優勢已經不可能了。

一百多年後，蒙古帝國崛起，終結了西夏、金國和南宋的統治，一個新的時代到來了。

突破古代帝國極限——

蒙古帝國的崛起

一

蒙古帝國的崛起，是世界軍事史上的奇蹟。

在鼎盛時期，蒙古帝國橫跨歐亞大陸，占領了亞洲的絕大部分地區，以及歐洲東部地區。西邊最遠打到了匈牙利，北邊打到西伯利亞，東邊到了中國的東海岸，南邊到了中國的南海。要知道，當時無論是東方的中華文明還是西方的基督教文明，都發展了上千年，都自以爲論歷史悠久、論文明程度無人能出其右，結果都被平時最瞧不起的「蠻族」橫掃了國土，由此帶來的震撼長久地影響了歐亞大陸的歷史進程。

蒙古帝國爲什麼這麼厲害呢？

從宏觀的角度說，文明的發展並非線性，而是波浪型的。蒙古帝國崛起的時候，正好是游牧文明達到最高潮、農耕文明發展停滯的時代。

如果拿即時戰略遊戲打比方的話，那正好是游牧文明剛爆出一波兵，農耕文明還在家裡發展科技的時代，最容易被橫掃。另外，蒙古崛起的時候，正好歐亞大陸都沒有強大的帝國可以與之抗衡。在亞洲，中國正處在西夏、金和南宋的分裂對抗中；在歐洲，正是黑暗混亂的中世紀，社會發展停滯不前，統治者都是一些各自爲政的封建領主。

從微觀上說，蒙古軍隊能獲勝，是因爲擁有極爲優秀的戰術，充分發揮了騎兵機動性的優勢：每次行軍作戰的時候，蒙古軍隊都會派出輕騎兵，在一、兩百里的範圍內偵查，周圍哪裡有敵人，哪裡可以進攻，哪裡需要躲開，蒙古人都一清二楚。

蒙軍的主力部隊，在作戰時擁有騎兵的機動優勢，遇到值得劫掠的目標就一擁而上，遇到強大的敵人就遠遠遁走，這在敵人看來，蒙古人就好像「神出鬼沒」一般，總是在最適宜進攻的時候出現，等你集中好了主力要和他們決一死戰時，他們又消失不見了。因爲高機動性，蒙古大軍想撤退就撤退，這就先立於不敗之地了。在具體的戰術中，蒙古軍人就像對待獵物一樣戲弄對手，他們利用騎兵的機動優勢，創造了豐富的戰術。

蒙古軍人善於騎射，在和敵人主力部隊交戰時，蒙古人用輕騎兵遠遠地朝敵人射箭，敵人一旦接近就立刻撤退。經過反覆騷擾，等到敵方疲憊不堪的時候，蒙古人再用重騎兵決戰；又或者敵軍受不了騷擾主動出擊，蒙古輕騎兵就借機把敵人引入到己方的包圍圈中。

蒙古馬耐力強，善於長途奔跑，每個蒙古戰士還會攜帶數匹戰馬輪換騎乘，因此可以長距離奔襲還能保持體力。有時蒙古人就採取長距離撤退的戰術，他們吸引敵人不斷追擊，經過長途追趕，敵軍疲憊不堪且陣型散亂，這時蒙古人再掉頭進攻，一舉獲勝。

和蒙古人的高機動性相對的，是歐亞地區的軍隊多採用多兵種協同作戰的方式。在一個兵團中，既有騎兵又有步兵，甚至還有大型機械和輜重部隊。這種軍團在硬碰硬的時候非常厲害，但步兵和輜重部隊會拖慢整個軍團的行動速度，在機動性上無法和蒙古軍隊媲美，總是被蒙古人的運動戰打得暈頭轉向。

以上說的是在平原上作戰的情形。我們知道，騎兵擅長平原作戰，那麼蒙古軍隊到了沙漠地區、河流地區，以及攻堅城市的時候，又該怎麼辦呢？

蒙古人的做法是以戰養戰，利用被占領國的軍事技術，去攻占新的領地。

雖然當時的農耕文明把蒙古人稱作「蠻族」，但蒙古人其實非常重視蒐集最新的科學技術，尤其是軍事技術。他們每攻占一個地方，都會搜捕當地工匠，把他們編入自己的軍隊。比如：當時的歐洲人和阿拉伯人使用的拋石機是最先進的攻城武器，蒙古人占領了中亞後，擄走了當地的拋石機工匠，掌握了這種技術，後來抵擋蒙古人六年的襄陽城，就是被這種拋石機攻陷。

換句話說，蒙古人就像今天的美軍一樣，掌握了當時最先進的科學技術，是名副其實的「高科技部隊」。這樣的軍隊，打仗又怎麼會敗呢？

說到這裡，我們還沒有講到最重要的問題：相比農耕民族，游牧民族人口少，缺少足夠的兵力占領廣大的領土，也不能立刻把占領區變成自己的生產力，所以他們就算打下了重要的城池，也只是劫掠一番就撤回去了，當年金國打下開封就是這樣。

那蒙古人是怎麼在短時間內占領了廣大土地的呢？他們採用的是「竭澤而漁」的辦法。蒙古人進攻一個城市的時候，如果遇到了頑強的抵抗，占領後就會進行慘無人道的大屠殺。除了工匠和少數年輕女性外，大部分百姓，從老人到孩童一個不剩全都殺死，房屋、宮殿、寺廟全都燒毀，把被占領的城市變成了恐怖的地獄。

因為恐懼屠城，剩下的城市往往不戰而降，而且對蒙古人言聽計從，不敢反抗，蒙古人就把這些降服者編成「偽軍」，讓他們代替自己衝鋒打仗，蒙古大軍只需要在陣後監視即可。在野戰中，蒙古人會把俘虜的百姓和士兵用繩子捆在一起，驅使他們在陣前衝鋒，用來消耗敵人的體力。如果遇到難以攻克的城池，就讓這些俘虜抱著柴草土石朝城牆衝，用這些人的屍體和土石來填平護城河，在城牆邊上堆出一道土坡。一次攻城戰，可以犧牲掉數萬俘虜，這樣，蒙古人既保存了體力，又消滅了所有的異族百姓和降卒。人民都死光了，占領區不就不用防守了嗎？

蒙古人就是以這種滅絕人性的方式席捲了歐亞大陸，也征服了西夏、大金和南宋。

二

對於宋人來說，蒙古滅金幾乎是當年金滅遼國的重演：這回又是在宿敵的北方出現了更厲害的新勢力，新勢力又一次把宿敵打得落花流水。宋人也和上次一樣，又一次聯合了新勢力，最終卻被新勢力滅亡。

宋人就不知道吸取教訓嗎？不是的，從南宋這邊說，「靖康之難」是國恥層級的仇恨，金人當年對皇室的屈辱實在太大了，大到沒有任何可以通融的餘地，而且金人在關鍵的時刻還在自尋死路。

金國的北邊承受著蒙古軍隊暴風雨般的進攻，在這強大的攻勢下，金人竟然想出極爲荒唐的一招，叫做「取償於宋」，就是說，北邊領土被蒙古人不斷的侵蝕，我得往南跑吧？但南邊是大宋朝啊！怎麼跑呢？結論是靠武力打下來，從蒙古人那裡丟失了土地，我們從南宋那裡去搶，以此作爲補償。本來，金人如果能聯合宋人，哪怕雙方互不侵犯，或許還可以多生存一段時間。現在金人平白無故又替自己增加了一個對手，這豈不是亡國亡得更快了嗎？

金人想不到的是，就像當年遼國因爲長久農耕而減弱了戰鬥力一樣，經過一百多年的農業生活，金國也失去了當年凶悍的軍事實力。金國入侵南宋的戰爭持續了長達七年，在這七年裡，宋人頑強抵抗，金人非但一點便宜都沒占，反倒損失了大量的軍隊。

金國、西夏接二連三地被蒙古滅亡，接下來就輪到南宋了。

在抵抗蒙古的戰爭中，南宋的表現不算差，因為南方地區氣候熱且多河，不利於蒙古騎兵作戰，因此南宋前後抵抗了蒙古四十多年，在蒙古的征戰史中算是抵抗時間非常長的，但南宋終究還是滅亡了。

最終，是成吉思汗的孫子忽必烈（他的爸爸就是金庸小說《射鵰英雄傳》裡的「拖雷」）滅亡了南宋。最後一刻，南宋政權已經被逼到了今天廣東省的最南端、距離澳門不遠一處叫做「崖山」的地方。在最後的戰鬥中，蒙古人以少勝多，全殲了宋軍，丞相陸秀夫背著年僅七歲的幼帝投海自殺。以此為標誌，南宋滅亡，中國進入了元朝。

三

和中國傳統的「嫡長子繼承制」不同，蒙古採用的是「幼子繼承制」，這個制度在英國以及亞洲的一些民族裡比較流行，中國的春秋戰國時代，一些國家也採用過這種制度。

所謂「幼子繼承制」，就是家族裡年長的孩子透過結婚的方式分得一部分財產後，離開家族自己生活。家族中的主要財產，由最年幼的孩子繼承（有時是最年幼的嫡子）。

建立了蒙古帝國的成吉思汗，也是用這個原則來分配帝國。隨著帝國疆域不斷擴大，成吉思汗把征服的領土分封給幾個年長的兒子。蒙古部落的首領叫做「大汗」，成吉思汗分封的這些國家，就稱爲「汗國」。最後，偌大的蒙古帝國被分成四個巨型的汗國，別看這些汗國的主人都是親兄弟，一旦分了家之後，他們之間的關係就緊張起來了。

「幼子繼承制」是個落後的制度，但就算這麼一個制度，還被成吉思汗破壞了。按照「幼子繼承制」，成吉思汗的汗位應該由幼子拖雷繼承，但是成吉思汗特別喜歡三子窩闊台，他在世的時候，明確指示由窩闊台繼承汗位。

前面講李世民的時候我們說過，這種破壞繼承制度的行爲會對國家帶來無窮後患。果然，成吉思汗一死，這兩個兒子就開始爭鬥，不僅是他們，以後每一次汗位的繼承都發生了激烈的內鬥。汗國和汗國之間鬥，汗國內部鬥，這些內鬥經常演變爲激烈的軍事行動，失敗者往往以喪命告終。這樣的政權，必然是不能持久的。

成吉思汗的孫子忽必烈的繼位，也發生了漫長的爭鬥，甚至展開了多年內戰。最後忽必烈獲得勝利，成爲繼任的「大汗」，但是四大汗國中，有三大汗國都拒絕承認這個結果，它們乾脆各行其是，不聽從忽必烈的命令。

忽必烈常年在中原地區作戰，最後還征服了南宋王朝，因此他控制的疆域主要是亞洲東部，像我們之前說過的歐洲啊！中亞啊！那些原本屬於蒙古帝國的土地，就都不是忽必烈控制的範圍了。

忽必烈以前的那些蒙古大汗，他們很多人一輩子都沒有踏上中原的土地，更不關心中原人的生活狀態。忽必烈不同，他長期在中原地區作戰，深知漢化對統治這塊土地的重要性。在奪得大汗之位後，他決定效仿儒家制度：中原文明建國後有年號，他也取了年號；中原王朝還有國號，他也有樣學樣，從《易經》的「至哉坤元」中取了一個「元」字，把王朝的名字從「大蒙古國」改成「大元」，從此，中國進入了元朝。

這裡要注意了，元朝和蒙古帝國不是同一個概念。

蒙古帝國是包括中國以及四大汗國在內，橫跨歐亞的龐大帝國；而「元朝」從面積上來說，只是其中一部分，也就是忽必烈所統治的中國全境，以及外蒙古、俄國東部這一地區。也就是說，我們不要以爲蒙古帝國征服了歐洲，就認爲元朝征服了歐洲，甚至認爲「中國人當年把歐洲人打得落花流水」，其實面對蒙古帝國，當時的中國人和歐洲人的地位是一樣的，都是被踐踏的戰敗者。

但另一方面，也不要因爲元朝是蒙古人建立的，就認爲元朝不屬於中國歷史的一部分。這是因爲我們在談論「中國」這個概念的時候，我們談論的並非是一、兩個統治者的民族血統——如果這麼說，那皇室有鮮卑血統的隋、唐也不應該算是「中國」了——我們談論的是中華傳統文化是否得以延續。忽必烈按照中國傳統習慣，遵守國號、年號、廟號、謚號這一禮教系統，連國號都取自中文典籍。他又宣導儒學，興辦科舉，更沒有禁止中國人學習中國文化，禁止中國人說漢語，因此我們應當認爲元朝是中國歷代王朝中的一部分，這就像我們認爲由滿族人統治的清朝是中國的一部分一樣。

草根心中的理想國——

明朝的建立

其實，即便不採取「幼子繼承制」，蒙古的統治同樣不能長久，因爲蒙古民族的人口太少，要占領的土地太多，廣袤的領土已經遠遠超過了古代技術能夠統治的極限，中央必然無法有效控制地方，分裂是不可避免的。更何況，蒙古人還用落後的部落制度統治帝國。忽必烈意識到了制度的問題，他在入主中原之後，在一定程度上採取了漢化政策，模仿漢族的官僚系統。再加上元帝國的面積要比蒙古帝國小很多，因此元朝還是維持了較長時間的統治，前後有一百年。

中國古代的大王朝持續時間大多是三百年左右，元朝和它們相比，是個短命的王朝。但元朝也不算特別短命，同樣是短命王朝，隋朝不過三十多年；西晉五十多年；五代十國這麼多朝代不斷更替，也不過五十多年，這麼一比，元朝在短命王朝裡還算是可以的。

但元朝終究還是問題重重，首先是漢化程度不澈底。

如果換成遼國或者金國征服了南宋，因爲它們統治漢地已久，深刻了解漢化的重要性，會不遺餘力地照搬儒家制度。後來滿清統一了中國，因爲有了元朝的前車之鑒，也知道漢化這事不能含糊，老老實實地進行了全面儒化。但蒙古人橫掃歐、亞，他們還帶著征服者的心態，再加上蒙古貴族大多是武人出身，要他們澈底向儒學低頭是不可能的。有的蒙古貴族進入中原後還嚮往游牧生活，竟然把漢人的田地毀掉，改成牧場放牧。而且蒙古人也沒有完善的官僚系統，靠的是各部落聯合統治，各個部落貴族有相當大的權力，就算忽必烈等個別統治者有心全面漢化，其他的蒙古貴族也不答應。

蒙古人還對漢人採取種族歧視政策。在元朝大致有四等人：蒙古人、色目人（蒙古人和漢人以外的諸民族）、漢人（北方漢人，也包括四川、雲南境內的漢人）、南人（南方漢人），地位依次降低。國家的很多政策向前幾等人傾斜，比如科舉考試，蒙古人和色目人的名額更多，試題更簡單，官員選拔也更優待蒙古人和色目人，政府的主要權力掌握在這兩種人手中。

雖然元朝也有科舉考試，但是眞正靠科舉考試進入權力核心的人少之又少。元朝高級官員只有三類人，要麼是貴族或者權臣的子弟，要麼是有軍功的武將，要麼是「吏」出身——也就是並不熟悉儒學，只是精通經濟、法律等技術問題的官員。這就意味著，元朝上層官員中，眞正的儒生非常少，漢化也就不可能澈底了。

繼承制度的缺陷讓元朝持續處於政治動盪中，也加速了王朝的衰亡。

中國的官僚系統是經過上千年的不斷試錯、不斷總結教訓的結果，實際上，宋朝的官僚制度正好是中國歷史上的巔峰，除了「效率低」這個不可避免的缺點之外，古今中外各種導致帝國崩潰的內部危機都被避免了。元朝不想照搬宋朝的老經驗，想要加入不少部落時代的落後制度，結果運行時間長了，自然弊病叢生。

元朝末年，貪汙腐化、買官、賣官等問題都暴露出來了。被統治的漢人生活困苦，再加上民族衝突，終於導致了大規模的暴亂。這時的蒙古人已經統治中國近一百年，當年勇猛的蒙古戰士都陸續去世了；而新一代的蒙古人從小就生活在農耕地區，不可避免地失去了游牧戰士的強悍，再遇到一擁而上的漢人，人數較少的蒙古人自然無法抵擋，很快就丟掉了政權，退回到草原深處。

就像以往的北伐戰爭一樣，漢人的軍隊並不能澈底掃蕩草原，因此，蒙古國並沒有滅亡，但是統治中國的元朝滅亡了。

二

接替元朝的，是明朝。

階級史觀習慣把王朝末年遍地而起的叛亂稱爲「農民起義」。實際上，這些戰爭最後的獲勝者，他們基本都不是農民，而是權貴出身：秦朝的開國皇帝是國王；晉朝的開國皇帝是魏國的權臣；南北朝的皇帝不是部落領袖就是門閥貴族；隋朝、唐朝，全都是關隴門閥；五代十國加上宋朝，開國皇帝大多是禁軍將領，唯一身分低些的，是西漢和東漢的開國皇帝。西漢的劉邦出身是小吏，但是在起兵之前已經是當地的一霸了，整個沛縣的上下官吏都是他的人，算是地方上的小豪強；東漢的劉秀出身是豪強，在家鄉也是一霸。

你看，在這些皇帝中，沒有一個人是普通農民。

這個道理很簡單，在天下大亂的時候，很多人都想出來大撈一把。你說，是本身就有錢、有兵、有聲望、有人脈，受過良好教育、眼界寬廣的貴族成事的機會大呢？還是以上這些全都沒有的普通農民機會大呢？

歷史上，也有平民或者商人出身的軍隊領袖，比如黃巢、李自成、洪秀全，但是他們在轟轟烈烈一番後，都因爲自身的短視而滅亡了，唯一例外的便是元末戰爭。

元末的漢族領袖基本都是平民和商人出身，這是因爲元朝長年打壓漢人，漢人中很難找出有能力起兵的權貴，爭霸的舞臺因此留給了平民。

明朝的創立者朱元璋，就是個名副其實的平民百姓。

朱元璋出生在普通的農民家庭，沒受過什麼教育，甚至他本人和他的父母、兄妹連個正經的名字都沒有。朱元璋家裡窮得不行，他替地主家放過牛，出家當過和尚，最後連廟裡都待不下去，只能出門流浪，成了半個乞丐，正好遇到了元末百姓造反的大潮，在鮮血與陰謀的層層考驗中，朱元璋脫穎而出，最終成爲元末爭霸戰爭的勝者。

開國皇帝出身貧寒，這對於一個王朝來說並非好事。

宋朝的政治風格雍容大氣，皇室對百官優待有加，原因之一是開國皇帝趙匡胤以權貴的身分起家，沒經過那種在死人堆裡求生的底層生活，對人性的看法總是要更樂觀一些。朱元璋不同，在他人生的大部分時間裡，他身邊的每一個人都可以隨時要了他的性命，他是在接連不斷的殘殺與背叛中活下來的。

朱元璋眼中的世界，要比一般人眼中的更爲黑暗，這種強烈的不安全感，對明朝的政治產生了深遠的影響。

三

明朝的政治體系，大致繼承了宋朝的成功經驗，各個部門之間互相制約，像軍閥、外戚、權臣一類的問題，整個明朝基本沒有出現過，偶然有冒頭的，也會在群臣的公議之下畏手畏腳，威脅不到皇權。

但是宋朝有一個政策，朱元璋是沒法接受的，那就是對皇權的制衡。在生死的爭鬥中，朱元璋已經習慣把大權牢牢掌握在自己的手裡，多年的爭鬥又造就了他多疑的性格，他對任何人都不放心，誰敢分走皇權他都不答應。據說朱元璋看到《孟子》中有「民爲貴、社稷次之、君爲輕」之類的話語，大爲不滿，下令把孟子的牌位撤出孔廟，還讓臣子刪節《孟子》，把書中輕君的言論都刪掉。

中國歷代王朝都有宰相一職（但正式的名稱各朝都不同），負責統籌政府的各個部門，管理全國的大小事務，皇帝本人只需要做最後的決定就可以了。

宰相是皇帝之下權力最大的人，也是最容易矇騙皇帝的人，如果宰相有私心想做點什麼事，他可以編一套冠冕堂皇的理由說服皇帝，因爲皇帝不經手具體的事務，萬事都仰仗宰相，所以很多時候也就同意了。

習慣大權在握的朱元璋當然不允許這種事了，在建國之初，朱元璋還是按照前朝習慣設置了宰相一職，正好當時的宰相胡惟庸是個獨斷專行的人，引得朱元璋非常不快。這宰相在自己面前都如此專橫，將來自己的皇子皇孫要是不夠爭氣，這大明朝豈不是要跟了宰相的姓？於是朱元璋決定借題發揮，廢掉宰相。

朱元璋是底層出身，對當官的，對讀書人天生不信任，他又是靠殺伐建立功業的，過分相信武功的力量，因此朱元璋對於百官特別捨得下殺手，每當他覺得威懾力不夠的時候，就靠大殺特殺來解決。

作為一代雄主，要玩就玩大的。朱元璋為了取消宰相制度，設計了一場冤案，他硬說胡惟庸陰謀造反，由此牽連眾多，前後竟然誅殺了三萬人。殺了胡惟庸後，朱元璋再也沒有安排宰相，這個職位也從此取消了。

原本各個政府部門的上面是宰相，宰相的上面是皇帝，現在宰相沒有了，便由皇帝直接統領各個部門，也就等於皇帝把宰相的工作奪過來，自己一個人做，這樣，所有的權力都掌握在朱元璋的手裡，這讓他很滿意。

但他的子孫不滿意。

四

凡是開國的君主，都是既勤勞又很有權力欲的人，因爲不是這樣性格的人，就不可能在爭霸中獲勝。可是君王的子孫卻不是這樣，他們從小生活在帝王之家，習慣於發號施令，他們不會像朱元璋那樣，覺得事事都親自做決定是一件美事。他們從小過著錦衣玉食的生活，舒服慣了，也不會像朱元璋那麼勤勞。

中國這麼大，每天的事情千頭萬緒，治理國家是一件非常辛苦的事。朱元璋處理掉了宰相，那宰相的活都得自己來做。據抽樣統計，朱元璋平均每天要審批的公文兩百多份、處理事務四百多件。忙得他是「昧爽臨朝，日宴忘餐」，天不亮就起來工作，經常忘了吃飯。宰相還有退休的日子，可是皇帝只要喘一天氣，就得幹一天的活，這種辛苦的日子哪是那些皇子皇孫能忍受的？

明代皇帝的工作量大，工作這麼辛苦，特別需要祕書來分擔一下文書工作。明朝皇宮中有一處叫做「文淵閣」的地方，原本用來儲藏書籍，類似於皇家圖書館。到了永樂帝朱棣的時候，朱棣選了一批有學問的人到文淵閣值班，這些人就成了皇帝的私人祕書，不僅爲皇帝分擔文書工作，還要爲皇帝出謀劃策。

當時在文淵閣工作的人，頭銜是「文淵閣大學士」，通常被稱為「閣臣」。在古文中，和皇室有關的辭彙，常用「內」來稱呼，比如「內廷」，指的是皇宮內院；「內園」，就是皇帝的御花園。這個文淵閣是皇帝的私人祕書處，就被稱為「內閣」。

內閣理論上只是皇帝的祕書處，但是皇帝越懶，內閣所辦的事就越多，所掌握的權力也就越大。到了後來，內閣實際上擔當了宰相的職責，內閣裡排行第一位的閣臣（稱為「首輔」），其實就是宰相。

各個部門、各個地方送給皇帝的奏章，都先交給內閣看，內閣看完後代替皇帝寫上意見，叫做「票擬」。內閣把這個票擬交給皇帝，由皇帝決定同意還是不同意，皇帝這就很省事了。

但皇帝還是覺得不夠省事。內閣把票擬送到皇帝面前，皇帝得審查一下這票擬有沒有問題，如果有問題，還得注明問題出在哪裡，所以皇帝要在票擬上寫上自己的意見。一般人寫字都是用黑色的墨，為了顯示批閱者不同，皇帝的批改意見用的是紅筆，所以這個寫在票擬上的意見就稱為「批紅」。

人的惰性是無限的，後來的明朝皇帝就連這個批紅也懶得自己寫，也有的皇帝是因為年齡太小，做不了這事，於是皇帝就把批紅的工作也交給別人去做。皇帝批紅的時候是在後宮，身邊沒有別人，只能讓太監來做。明朝後宮裡有一個叫做「司禮監」的部門，原本是負責管理書籍的，後來批紅這工作，就由司禮監來負責了。所以明朝掌握大權的，除了內閣外，還有皇宮裡的司禮監。相比之下，司禮監的權力還要更大，因爲票擬只是個草擬的意見，不具備法律效應，無論是什麼樣的決定，都得經過批紅才眞正生效。

因爲司禮監權力太大，所以明朝出現過曹吉祥、劉瑾、魏忠賢等一批權勢熏天的大太監。不過由於明朝官僚機構之間的互相制衡，即便這些大太監風光一時，他們也沒有辦法澈底控制軍隊和政府，支持他們的皇帝一旦改變了主意，或者身亡，他們也就隨之滅亡了。

朱元璋不僅在政府中加強皇權，對百姓也企圖加強管控。

朱元璋是個權力欲很強的君主，他喜歡什麼事情都要管上一管。朱元璋建立明朝後，透過頒布法令，對社會生活的諸多方面都進行了嚴格的規定。他詳細地規定各個階層的百姓應該住什麼樣的房子、坐什麼樣的車子、穿什麼樣的衣服，甚至連衣服是什麼顏色、有沒有花邊、袖子多長都一一規定。他設計了「路引制」，老百姓不能隨意離開家鄉，如果想出遠門，必須先找官府開介紹信。他還繼承了元朝的規定，繼續實行「匠籍世襲制度」，就是說，政府的手裡有一個戶籍記錄，規定好了誰家是工匠，如果一家是工匠，那麼他的孩子必須子承父業，長大了還是工匠，不能隨意改變職業。

換句話說，朱元璋企圖把國家變成一個凝固、靜止的社會，這顯然不利於社會的發展，不利於生產力的提高。

明朝的專制，還展現在對民間商業的限制上。

宋朝是中國歷史上最重視商業的朝代，在宋朝，一個商人想要賣鹽，他要先找到政府買一張「售鹽許可證」（稱爲「鹽引」），按照上面允許的重量去販賣鹽，這些許可證其實就是今天的「商業稅」。有了商業稅收，宋朝政府能從民間的商業行爲中獲得大量的利潤，所以宋朝對民間商業十分支持。到了明朝，出身農民的統治者朱元璋沒有意識到商業的價值，他看到宋朝商業繁榮最終卻經濟崩潰，認爲商業是在「與民爭利」，他甚至說，我們大明朝不需要商業稅，只要有農業稅，再省著點花，就夠用了，這是典型的小農思想。

在這種思想的指導下，明朝政府大力限制商業發展，對商人採取歧視性政策。今天的我們知道，其實商業也是現代社會快速發展的關鍵所在，是西方國家在近代能快速超過中國的主要原因。以朱元璋爲代表的明朝統治者對商業的限制，遏制了中國社會的發展。

直到明朝末期，中國商人才逐漸擺脫了制度的限制，在東南地區出現了較爲發達的商業社會，可惜不久以後，更爲保守的滿清政府掌握了統治權，再次扼殺了中國民間商業的發展。

五

朱元璋還留下了另一項政治遺產：特務組織。

朱元璋前半生一直在生死邊緣掙扎，每一個決定稍有不慎就會丟掉性命，因此他特別貪戀權力，又特別多疑，總怕別人騙自己。他特意建立了一個私人的特務機關，也就是赫赫有名的「錦衣衛」，用來監視百官的言行。錦衣衛擁有隨意拘捕百官的權力，還有自己的司法系統，稱為「詔獄」，凡是被錦衣衛抓住的犯人，可以不走正常的司法程序，直接投入到詔獄裡嚴刑審訊逼供。在明朝，百官提起錦衣衛和詔獄，都非常忌憚。

朱元璋殘酷多疑，如果繼位的皇帝性格仁厚一些，或許還可以扭轉明朝的風氣，但是，歷史沒有給明朝這個機會。

朱元璋除了親戚，不信任任何人，連和他一起打天下的夥伴們也放心不下。建國以後，為了保證子孫不受到權臣的威脅，朱元璋有計畫地殘殺開國將領。這種事很多開國皇帝都做過，但朱元璋做得尤為極端，最為無情。他設計了好幾場大型冤案，每個案件都要牽連極廣，動不動就誅殺幾萬人，很多人才都被冤殺。

但是國家總需要人來治理啊！尤其是蒙元殘部只是退回了北方，並沒有被澈底消滅，明帝國還需要嚴防北方邊境。但朱元璋是白手起家，發達之前沒有任何權貴背景，也就缺少可以依靠的夥伴。在大殺功臣之後，朱元璋只能撿起了家族治天下的老辦法，把很多兒子分封到了邊境當藩王，他讓這些藩王統領重兵，既能抵禦外敵，又能防止權臣過強，可以齊心協力保衛老朱家的江山。

當然我們都知道，這樣做的結果只會是藩王叛亂。

按照「嫡長子繼承制」，朱元璋死後，皇位應當由嫡長子繼承，但是嫡長子已經先於朱元璋去世，所以繼承皇位的是嫡長子的兒子，這就是嫡長孫「建文帝」。

在朱元璋看來，他分封的那些藩王都是他的兒子，都是他的左膀右臂，是他的好幫手，但是在建文帝看來，藩王們都是手握重兵又大他一輩的叔叔，都是他皇位的威脅者，因此建文帝在掌權後開始著手削藩，削弱藩王的勢力。

然而朱元璋的四子，鎮守北京的燕王朱棣早就有了不臣之心。借著削藩的機會，朱棣糾集軍隊公然反叛。朱棣造反的名義很有意思，當年朱元璋分封藩王，不是叫他們一起保衛朱家天下，防止權臣奪權嗎？朱棣就說，現在皇帝身邊有的大臣太壞啦！忠心耿耿的我必須帶著軍隊去保衛皇帝，去清除皇帝身邊的壞大臣，用術語說，叫做「清君側」。當然「清君側」就是個騙人的藉口，朱棣打著「清君側」旗號，一口氣打到了首都南京。建文帝知道這位叔叔要奪權，要弄死自己，嚇得在皇宮裡放了一把火，自己藏了起來，最後不知所蹤。

南京城也占了，建文帝也失蹤了，朱棣就要大搖大擺地稱帝。

這時，有個叫方孝孺的大臣站出來對朱棣說，你號稱「清君側」，是來保護皇帝的，那行，既然建文帝沒有了，按照繼承順序，應該是建文帝的嫡長子繼位；建文帝的兒子繼承不了，那也應該是他的兄弟繼承，怎麼也不應該輪到你這個叔叔啊！

方孝孺的這番話就等於是直接打臉，打得朱棣臉上生疼的。結果朱棣惱羞成怒，下令誅殺方孝孺，並且大肆屠殺他的家族。在用鮮血打通了稱帝之路後，朱棣如願以償地當上了皇帝，史稱「永樂帝」。

朱元璋在南方起兵，原本定都南京，朱棣攻陷南京後，一者南京宮室被燒，二者朱棣是在北京起家，因此最後遷都北京，從此，明朝的首都就變成北京了。

朱棣和他父親朱元璋一樣，性格多疑而殘暴，也喜歡靠血腥屠殺和製造恐怖氣氛來震懾群臣，他不僅沒有取消特務機關，還不斷強化。錦衣衛是皇宮之外的機構，朱棣嫌它用得不夠順手，就選用身邊的太監又成立了新的特務機構「東廠」；明憲宗的時候，又成立了「西廠」。東廠、西廠和錦衣衛，合稱「廠衛」，它們構成了明朝的特務機構體系。其中，東廠在朱棣以後成了常設機構；西廠只是一個臨時的機構，存在的時間較短，所以我們看電影、電視劇裡，一提到明朝的特務機關都是東廠，很少有人提西廠。

明朝的官僚系統已經很成熟，監督百官靠官僚系統就行，根本不需要特務機關的參與。明朝的特務機關，其實就是皇帝在自己和群臣的制衡體系中，爲自己開的外掛，是皇帝爲了滿足一己私欲破壞官僚制度的工具。後來，明朝的太監因爲掌握了司禮監而執掌大權，東廠等特務機關又成了太監把持朝政、迫害百官的武器。

整體來說，朱元璋在前人建立的官僚系統基礎上，加強了皇帝個人的權力，想用更加強勢、更爲嚴酷的手段來統治中國，他在這點有點像是秦始皇，肆意揮舞著手中的權力，覺得自己作爲執掌天下的獨裁者，應該心想事成，無所不能，然而事與願違。

前面說過，皇帝其實就是一個普通人，他之所以擁有極大的權力，全是制度賜予他的，皇帝的個人意志永遠也敵不過社會制度的一般規律。中國的官僚系統發展到宋朝，已經經過了千錘百煉，非常成熟，朱元璋對這套制度進行了自以爲是的修改，最後難以避免地走向失敗。

朱元璋想要取消宰相，但結果是出現了內閣，出現了首輔，還是換湯不換藥。

朱元璋嚴禁宦官干政，禁止宦官識字，爲了怕子孫忘記，還鑄了一面鐵牌立在宮門，說凡是干政的宦官一律斬首。但是因爲他過度加強皇權，導致宦官干政不可避免，鑄鐵牌又能怎麼樣？他的子孫還是把大權交到了司禮監的手裡，還在皇宮裡開設專門教宦官念書識字的學習班。朱棣時，帶著艦隊浩浩蕩蕩下西洋的鄭和就是太監。鄭和下西洋時統領著數萬軍人和隨從，還在外國開展了軍事和外交行動，完全是把朱元璋的祖訓當空氣。

朱元璋禁止民間的商業活動，到了明朝末期，商業活動還是發展起來了，也是政府阻攔不住的。

朱元璋還試圖用酷刑來遏制貪腐，據說官員只要貪汙六十兩銀子就會被處以極刑，死後還會被剝皮做成標本，放到衙門裡警示後人。朱元璋還本著「寧枉勿縱」的原則，只要沾點邊的貪腐案件就開始大殺特殺，幾百人、幾千人、上萬人的殺，直殺得全國官員都不夠用了。然而結果是，明朝仍舊貪腐非常嚴重，朱元璋之後的大貪官還是層出不窮。

從這個角度說，朱元璋就像秦始皇一樣，雖然是不可一世的雄主，雖然可以輕易奪走幾萬人的性命，但他還是不能隨心所欲地改變歷史進程。歷史的走向，總有自己的規律。

六

這一章的最後，再講一個關於皇帝稱呼的小知識。

一個皇帝有好幾個稱呼，首先，他有姓名，這個名和普通人一樣，都是長輩取的，比如：漢朝的漢武帝，他的姓名叫「劉徹」。

但是古人認爲，人的姓名不是普通的符號，唸出來、寫下來就會擁有某種法力效果，比如：《封神演義》裡有一個將軍叫張桂芳，他只要叫對方的姓名，對方就會被迫下馬；《西遊記》裡的金角大王和銀角大王有個「紫金紅葫蘆」和「羊脂玉淨瓶」，拿著這兩個寶物呼喚對方的姓名，只要對方答應了，就能把人家吸到葫蘆或者瓶子裡來。古代民間也常見類似的詛咒術，只要寫下對方的名字和生辰八字，再施加詛咒，就可以咒人於無形中，這姓名和生辰八字就好像是今天的網路IP，一旦掌握，駭客就可以在千里之外入侵了。

所以古人爲了表示尊重，長輩、皇帝的名字都不能直接稱呼，也不能寫下來，需要避諱。比如：你要是生活在漢武帝的時候，張口說「劉徹」，那就麻煩了，這叫「大不敬」，可以對你治罪，處死都不過分。平時想要稱呼皇帝也容易，天無二日嘛！反正同一時間只有一個皇帝，只要稱「陛下」、「皇上」、「聖上」、「萬歲」、「官家」之類的代稱就可以了。等劉徹死了以後，這就麻煩了，你還是不能直呼他的名字，因爲人家是先皇，輩分更大，可是先皇有很多啊！那該怎麼稱呼劉徹呢？在古代，有身分的人去世以後，會由後人爲他取一個「謚號」。理論上，謚號是對這個人一生行爲的蓋棺定論，取什麼是有規定的。比如：劉徹在位的時候，幾次把匈奴趕跑，軍事成就很大，所以得了一個謚號「武」，後人就可以稱他爲「漢武帝」。

唐朝之前，皇帝的謚號通常是一到兩個字。到了唐朝，一開始還沒問題，比如李世民的謚號，一開始是「文」，因爲他開創了「貞觀之治」嘛！和開創「文景之治」的漢文帝、開創「開皇之治」的隋文帝是同一個待遇，這還挺合理的。但從武則天以後風氣就壞了，開始喜歡爲先輩的謚號裡加字，意思是這人實在是太完美了，德、智、體、群、美全面發展，一、兩個字根本概括不了。李世民的謚號字數越來越多，最後變成了「文武大聖大廣孝」。到了後面的朝代更是愈演愈烈，不少皇帝有十幾個字、二十幾個字的超長謚號，這別人就沒辦法用謚號叫他了。謚號不能用了，但還有另一個稱呼可以用，叫做「廟號」。

中國人特別講究祭祖，古代家、國是一體的，「國」就是皇帝他們家的，所以皇帝祭祖是國家大事。普通人祭祖在宗祠裡，皇帝祭祖在太廟裡，太廟裡供奉了先皇們的牌位，牌位上寫的既不是姓名，也不是謚號，而是單獨取的一個稱號，就是「廟號」。

最開始，能進太廟是一件很難得的事，並不是每個皇帝都有資格進太廟，所以漢朝的皇帝有些人是沒有廟號的。但是到了唐朝，逢迎拍馬的風氣起來了，每個皇帝都可以進太廟，都有廟號，而且廟號都不長，所以在唐和宋這兩個朝代，人們都用廟號來稱呼皇帝，比如「太宗」是李世民的廟號，我們稱他為「唐太宗」。

其實，使用廟號也不是很方便，因為廟號的花樣太少，什麼「太宗」啊！「仁宗」啊！歷朝歷代都有，重複率很高。

後來人們又想了個新花樣，用年號來稱呼皇帝。年號是古代紀年的一種方法，皇帝登基的時候為了表示新皇帝新氣象，都要改年號，比如：李世民登基的時候，就把年號改成了「貞觀」，當年就是「貞觀元年」，第二年就是「貞觀二年」，以此類推。在明朝之前，很多皇帝都有不時改年號的習慣，稱為「改元」，有時是圖吉利，有時就是心血來潮。明、清兩朝呢，因為朱元璋起的頭，皇帝基本上不改年號，每個皇帝在位時只有一個年號，所以用年號來稱呼皇帝就很方便。在明、清兩朝，人們習慣用年號來稱呼大部分皇帝，比如：我們習慣說的「乾隆皇帝」，他的姓是「愛新覺羅」，他的名是「弘曆」，廟號是「高宗」，諡號太長就不提了，「乾隆」是他在位時的年號，人們出於習慣，就用「乾隆皇帝」來稱呼他了。

總結一下，稱呼漢朝的皇帝用謚號，稱呼唐、宋的皇帝用廟號，稱呼明、清的皇帝大多用年號。謚號通常都是「什麼什麼帝」，廟號通常是「什麼什麼祖」或者「什麼什麼宗」，年號就沒有規律了。一看皇帝的稱呼是兩個怪字連一起的，多半就是年號。

狠君主架不住懶子孫——

明朝的滅亡

朱元璋和朱棣的嚴酷統治，雖然對明初的政治加上了不少血腥，但歷史自有其運行的慣性。明朝政治還是繼承了不少宋代政治互相制衡的特點，整個明朝，也像宋朝那樣沒有出現後宮干政、外戚專權、軍閥割據之類的大問題。由於司禮監和東廠、西廠的存在，明朝倒是出現過幾個權傾朝野的大宦官，但是由於各個權力機構之間的制衡，這些大宦官再厲害也要屈服在固有的政治系統之下，最厲害的魏忠賢也不可能隨意廢立皇帝，當寵信他的皇帝去世後，魏忠賢很快就被新皇帝剝奪了權力，畏罪自殺了。

明朝之所以走向滅亡，固然有統治者自身的原因，但主要原因還是一些古代社會根本無法解決的難題，比如：歷朝歷代都會出現的土地兼併、地主豪強隱瞞人口問題。因爲土地兼併得太厲害，在明朝的鼎盛時期，甚至發生了全國人口不斷增加，財政收入卻在減少的怪現象。

明朝還有一個失誤，是皇室封王太多，爲了防止皇室宗親干涉朝政，明初規定所有的皇室子孫一成年必須離開首都，到指定的封地上居住，而且不許透過科舉當官，不許經商，不許擅自離開封地，等於就是不許這些人做任何工作，由國家出錢養這些人。這倒是可以防止他們干政了，可是古代沒有計畫生育，皇親國戚不斷地生孩子，人數越來越多。到了明朝後期，皇室宗親竟然高達八萬人。明朝政府花費了大量的金錢供養他們，例如：用來供養山西皇室的俸祿，甚至一度超過了山西省的年收入，這麼一大筆開銷，成了國家的巨大負擔。

明朝還有一個無法避免的問題是黨爭，這是官僚機構互相制衡的代價，而且明朝又不像宋朝那樣有厚待士大夫、不殺讀書人的傳統，因此明朝的黨爭更為慘烈。黨爭的目標往往是徹底弄死對方，讓對方家破人亡，以免對手東山再起，尋機報復。

明朝不僅官員和官員之間存在黨爭，官員和宦官之間也會發生激烈的爭鬥，其中最著名的就是明朝末年以魏忠賢為首的「閹黨」，和以讀書人為主的「東林黨」之間的爭鬥。

魏忠賢原本是個街頭混混，因為欠下賭債，乾脆閹割了自己，進宮當了宦官。他很聰明，很會說話，在宮中結交了皇子的乳母，後來這位皇子登基，也就是「天啟帝」，魏忠賢也跟著平步青雲，當上了司禮監裡的大太監，掌握了批紅的權力。

天啟帝的母親不受寵，在天啟九歲的時候就去世了。天啟在小時候備受冷落，沒受過特別好的教育，而且他繼承皇位時只有十六歲，還是個半大孩子。這麼個孩子當上了皇帝，只覺得終於可以自由自在地玩樂了，根本不把國事放在心上，魏忠賢便利用這一點獨掌大權。

天啟小時候因為特別孤獨，喜歡上了做木匠活，他的木工技藝精湛，可以製作出非常精巧的模型，當上皇帝以後，他更是放開了手腳做木匠活，魏忠賢便專門在皇帝專心做木匠活的時候向他詢問軍國大事，毫無心機的皇帝多半揮揮手說：「你看著辦吧！」皇帝的權力，便這樣轉移到了魏忠賢的手裡。

一個官員，不管他內心多麼自私卑鄙，因爲他生活在官場裡，總要遵守「儒表法裡」的遊戲規則，表面上總要維護一下儒家道德。魏忠賢生活在後宮裡，唯一權力比他大的皇帝還只專心木匠活，因此魏忠賢連「儒表」的面子工程都不需要做，他可以利用手中的權力直奔主題——追求更大、更穩固的權力。

有了批紅的權力，魏忠賢只提拔那些願意巴結自己的小人，對於不肯同流合汙的官員一律貶官發配，對於那些敢正面攻擊自己的官員，他還有錦衣衛和東廠的酷刑。在他的淫威下，很多反對他的官員都慘死在詔獄裡。

經過這些手段，魏忠賢的身邊很快聚攏了一大批依附於他的鷹犬。因爲魏忠賢是宦官，是閹人，所以魏忠賢和依附他的官員被當時的讀書人稱爲「閹黨」。

多虧了中國傳統政治的兩件法寶，才沒讓魏忠賢澈底霸占朝政：第一件法寶是儒家道德。魏忠賢的所作所爲明顯違反了儒家道德，絕大部分讀書人都看不下去，即便不敢當面反對，也儲備力量等待機會推翻他。還有一部分人，他們眞心信仰儒學，把儒家道德看得比自己的生命還重，寧願犧牲自己也要推翻魏忠賢，他們成了反對閹黨的先鋒。第二件法寶是互相制衡的權力機制。雖說明朝擴大了皇權，但在文官集團面前，魏忠賢仍舊不是想做什麼就做什麼，文官還有反擊的機會。反擊的這群人，因爲早年經常聚集在江南的「東林書院」裡交流學問，因此被稱爲「東林黨」——「東林黨」這個名字是宦官集團取的，這裡的「黨」是「朋黨」的「黨」，不是好詞。「東林黨」是宦官集團用來攻擊他們的叫法，當時並不存在一個立場分明的黨派，他們只是一群因爲反對宦官集團而自發站在一起的知識分子。

這群東林黨人非常勇敢，他們在魏忠賢大施淫威的時代，既不受高官厚祿的誘惑，又不怕流血犧牲的威脅，透過上書、演講等方式，前仆後繼地和閹黨鬥，其中最有名的一次，魏忠賢派特務到蘇州抓東林黨人，結果特務被義憤塡膺的百姓打死。這件事鬧大了，必須有人出來認罪才能平息，於是有五名百姓主動出來自首，這件事後來被寫成了文章歌頌，也就是著名的〈五人墓碑記〉。

這麼看來，東林黨和閹黨之間的爭鬥，好像是一場「正義和邪惡」的爭鬥，然而對於國家而言，這其實是一場統治集團內部不同派別之間的權力爭鬥，因爲朋黨的最大危害是把黨派的利益置於國家利益之上，魏忠賢任人唯親，東林黨人也好不到哪裡去。

後來崇禎皇帝登基，魏忠賢終於倒臺，東林黨人抬起了頭。不過崇禎這人非常多疑，他特別反感大臣結黨，所以他不僅提拔東林黨人，也提拔了一些和東林黨不對盤的知識分子，這樣一來，朝廷裡還是黨爭不斷，這些人無論是提拔官員還是選擇國家政策，一律以黨派為優先考慮，這樣一來，國家自然好不了。而且這些讀書人互相攻擊的時候，用的藉口全都是儒家道德，所以無論是哪個黨派的官員，在表面上都是儒家的道德模範，都是超級模範——否則就會被政敵抓到把柄而輕易扳倒。在這種風氣下，所有的國家政策都要以「是否符合儒家道德」為最高標準。在明朝末年對滿清（當時應稱為「後金」）的戰爭中，所有選擇都變成了道德問題，比如是戰還是和？是進攻還是防守？這原本是個技術問題，哪個選項對國家有利，就選哪一個，可是到了知識分子那裡，就變成了嚴峻的道德問題：誰敢求和，誰敢閉關不出，誰就是投降派，誰就是賣國賊。當求和、防守對國家有利的時候，卻沒人敢堅持這一提議，明朝軍隊因此犯了不少戰略錯誤，加速了明朝的滅亡。

魏忠賢滅亡後，黨爭仍舊沒完沒了，結果是朝廷裡沒人做正事，一直到了最後清軍入關，明朝退守南方的時候，在南方的明朝小朝廷裡，大臣們仍舊因為黨爭互相傾軋，把心思都用在排斥異己上。在清軍大兵壓境的時候，明軍內部竟然還在互相殘殺，打起了內戰。

黨爭不僅禍害明朝，甚至還繼續禍害清朝。清朝建立後，大量的明朝官員投降清廷，其中也有不少閹黨和東林黨人。這些人到了滿清的朝廷裡，還在黨爭，還在鬥。

土地兼併、黨爭，這些當時社會無法避免的問題，把大明帝國推向了經濟崩潰的邊緣。在這個時候，偏偏還有一系列的倒楣事，給了大明朝致命的一擊。

二

從明朝末年一直到清朝康、雍、乾年間，全球氣溫有較大幅下降，在氣象學上，稱爲「小冰河期」。當時全球都受到降溫、乾旱的威脅，甚至海南島都有數次下雪的記錄。嚴寒帶來的首先是全國農業減產，部分地區出現災荒，讓本來就捉襟見肘的財政雪上加霜。嚴寒還讓長城以北的游獵民族飽受饑荒的威脅，他們不得不停止內鬥，聯合起來，齊心協力向長城以南進攻，以求生路。

其中對明朝威脅最大的，是一個女眞族部落，也就是我們習慣說的「滿清」。我們還記得，當年占領了大宋半壁江山的「大金」也是女眞族，所以滿清在入關前，立國號爲「金」，歷史學家稱爲「後金」，後來皇太極又把後金的國號改爲「清」，把「女眞」改爲「滿洲」，簡稱「滿族」，這就是「清朝」、「滿清」的來歷。

所以我們在談論明朝末年局勢的時候，說「女真」、「後金」、「大清」、「滿人」、「滿清」，其實都是同一回事。

在「小冰河期」的影響下，女真族不斷南侵，糧食又大規模減產，這對明朝政府帶來了巨大的財政壓力，這些壓力最終只能落到百姓的身上。明朝末年，賦稅一加再加，各種加徵的稅款花樣百出，原本就受到天災侵擾的農民更加苦不堪言。

更倒楣的是，明朝末年的經濟還出現了問題。

中國傳統的賦稅，有實物和徭役兩種形式，也就是老百姓要上交自己生產的實物，同時還要去服徭役，為國家勞動當兵，這兩種稅都有很大的弊病。就拿實物稅來說，實物稅徵收過程繁瑣，因此徵收成本很高。比如：實物總有品質高低的問題，這糧食有沒有摻石頭啊、這布匹織得細緻不細緻啊！品質的高低不存在絕對客觀的標準，只憑經手人的一句話，就給舞弊留下了巨大的空間。收稅的小吏可以隨意貶低百姓上交的實物，逼迫他們行賄或者繳納更多的財物；稅吏還可以以次充好，把品質差的實物上交給國庫。實物賦稅還有不易儲存、不易運輸的缺點，經手人可以誇大在儲存運輸中的損耗，又貪汙了一筆款項。

到了明朝後期，首輔張居正進行「一條鞭法」改革，他把實物稅和徭役都統一合併為上交銀兩。也就是說，老百姓該交的實物、該服的徭役，全都換算成銀子，以後只交銀子就行了，國家需要實物和勞力時，再用這些銀子去從老百姓那裡購買。這種形式簡化了稅收過程，減少了實物儲存和運輸的成本，減少了經手人貪汙的機會，增加了統計監督的力道，更重要的，還增加了老百姓的生產自由，農民不一定非要種田，非要織布，他可以覺得什麼賺錢就去做什麼。那些善於賺錢的百姓，可以付出一部分金錢來免除徭役，避免徭役浪費他的生產時間；那些只有力氣沒有賺錢本事的百姓，可以花更多的時間去參加徭役換取生活費，以免他沒有收入。

在講「商鞅變法」的時候，我們說過自由市場能夠提高全社會的生產效率，張居正的這個辦法，本質上就是這個道理。就連現代很多國家也採用這樣的稅收方式：只交錢。

這個非常合理的政策，到了明朝末期的時候，卻對國家添了麻煩。

明朝末年因爲後金的持續入侵，明帝國在東北邊境駐紮了大量軍隊，這些士兵需要消耗大量的糧食，原本東北的軍隊可以靠屯田供給糧食，但到了明朝末期，由於貪汙腐化和戰火塗炭，屯田基本都荒廢了，糧食都要靠從外地運。可是朝廷收的稅是銀子，向東北地區送去的軍餉也是以銀子爲主。由於長期戰亂，民間商人也不願意運糧到東北，這樣一來，東北地區的糧食越吃越少，銀子卻越來越多，導致東北地區糧食價格飆升。結果是朝廷努力從百姓手中搜刮出大量的軍餉，這些銀子運到了東北，卻沒能提高軍人的生活水準，只是單純推高了糧價。內地的百姓已經被賦稅壓得喘不過氣，朝廷已經花光了家底，邊境的將士還是吃不飽飯。面對如此棘手的問題，朝廷卻沒有及時的反應。

當年張居正爲什麼能夠實行「一條鞭法」改革呢？因爲那時皇帝很小，不能親理朝政。張居正又聯合了宮中的司禮監太監和皇太后，等於他把最高權力機關裡用來互相制衡的幾個部門都聯合起來了，所以張居正主政的時候沒有什麼部門去牽制他，他獨攬大權，這才能拋開黨爭、內鬥的牽制，眞正做點大事。而且張居正又是一個現實主義的人，也就是說，他在儒和法中比較偏向法家，他能從經濟學、管理學的現實出發，去分析和解決問題。

但是明朝末年的崇禎皇帝是個志大才疏的人，他不像常見的亡國之君那樣沉迷享樂，荒廢國事。他生活非常簡樸，又很勤政，吃得最差，做得最多，完全是一副明君的模樣，可是他的治國能力太差，多疑且刻薄。他頻繁更換國家的高級官員和前線將領，每次都對新人寄予厚望，然而一旦形勢失利，他不論原因出在哪裡，把全部責任都推到官員身上，嚴加懲戒，隨意撤換，這樣一來，誰還爲他辦事呢？皇帝不行，官員更差，整個文官集團都陷在黨爭中不能自拔，任何大的政治措施都會在黨派的互相攻擊中夭折，而且主政的知識分子們又是一群道德模範，他們滿腦子都是「正邪之分」，沒有解決實際問題的能力和耐心，更不可能去解決複雜的經濟問題了。

朝廷也並非不知道東北地區缺糧，所採取的對策是從南方另外運糧食到東北。南方的糧食要經過大運河才能運到北方，然而中國的大運河最北端只到天津，要再運往東北，需要轉成海運。海運路途艱險，成本太高，那些負責運糧的人便利用各種藉口賴在天津不走，那些好不容易運到東北的糧食，又因為組織能力不足，常常囤積在糧倉裡，卻運不到士兵的手裡。有時戰敗失地，這些糧食又被後金搶走了。

由於南方的糧食很少能運到北方邊境，邊境所需的糧食實際上是就近從北方各省調去的，具體來說，是今天的山東、河北、山西、陝西和河南一帶。注意，這些糧食原本就是百姓必須交的賦稅，老百姓交糧是拿不到錢的，不僅拿不到錢，還要老百姓自己把糧運到前線。古代糧食陸運成本極高，當時從山西運一石糧食到北方邊境，一路上的花費是六七石糧，這筆沉重的負擔都加到了北方百姓的身上。

這些，都為隨後的北方大饑荒埋下了隱患。

三

除此之外，明朝末年還遇到另一件很倒楣的事：全球白銀危機。

在明朝之前，中國古人平時只用銅錢，並不常用銀子，因爲中國的銀產量很低，沒法當成貨幣。到了明朝時，西班牙人在美洲發現了銀礦，這些銀子被鑄成銀幣運到西班牙，再透過歐洲商人運到中國。當時中國的手工產品物美價廉，中國商品的出口量非常大，因此有大量的銀子流入中國市場，有了這些銀子，張居正才有條件把白銀當成了稅收貨幣，中國的很多省分也漸漸把白銀當成了主要貨幣。

然而到了明朝末年，美洲白銀產量開始下降，歐洲還恰好出現了一次巨大的經濟危機，對華貿易額驟減。除了歐洲，中國的另一大白銀來源地是日本（日本也有很多銀礦），可是明朝末年，又正好遇到日本政府實行閉關鎖國的政策。因爲這些原因，明朝末年進入中國的白銀數量大大減少，一場由白銀引起的經濟危機到來了。

一個社會在正常情況下，因爲經濟活動越來越繁榮，對貨幣的需求量是不斷增加的，在明末的南方，這個貨幣就是白銀。白銀進口數量突然驟減，使得市場上的白銀供不應求，更要命的是明末國家財政的支出主要是東北地區的軍費，每年中國南方要向朝廷支付大筆的白銀賦稅，這些白銀中的大部分被朝廷用來支付軍餉，被千里迢迢地運到了東北邊境，進一步加重了南方白銀的稀缺。

物以稀爲貴，白銀減少，白銀的價格也就上升了。說白了，同樣是一兩銀子，能買的東西越來越多了。那些擁有銀子的人看到銀子不斷升值，自然願意把銀子儲存起來，期待升值所帶來的利潤。市面上的銀子數量更少，形成了惡性循環，最終導致了惡性通貨緊縮。

通貨緊縮首先會傷害工商業，因爲人們預測貨幣會升值，都儘量不去購買商品，整個商業就受到了打擊。更加悲慘的是普通農民，因爲交稅給朝廷要交白銀，可是農民自己不生產白銀，農民生產的是糧食、布匹，他們要拿著這些東西到市面上換成白銀再去交稅。隨著白銀升值，每年要交的稅額沒變，可是農民爲了換取白銀所需要支付的實物增加了，負擔也就更重了。另一方面，朝廷將大筆的銀子送到了北方，卻因爲北方糧價上漲，導致邊關將士的實際收入不增反降。朝廷軍餉不夠，又要加徵，這樣農民就更苦了。在這場經濟危機中，農民受苦，朝廷受苦，邊軍受苦，唯一獲利的只有那些囤積白銀的大富豪。可是天下覆滅，手裡有再多的銀子又有什麼用呢？最終戰亂四起，那些人手中的銀子要麼被民軍奪去，要麼被滿清奪去，最後也不過是一場空。

我們回來再看明末的亂局。就全國而言，中國南方是糧食和絲織品的主要產地，雖然損失慘重，但家底還在，一時半刻不至於餓死。東北邊境雖然缺衣少食，戰亂不斷，但好歹是國家重點支援地區，不斷輸送軍餉，也不會最早崩潰。

最慘的是北方地區，也就是上文所說的，負責向邊境運糧的今天山東、河北、山西、陝西和河南一帶。北方地區受到「小冰河期」的影響最嚴重，嚴寒和乾旱造成了糧食大面積減產，而且不多的糧食還要優先供應東北邊境，百姓更是沒有飯吃。

所以在明朝越來越嚴重的經濟危機下，最先被逼到死亡邊緣的，是北方的百姓。李自成的大順軍，就是在這一帶崛起。

四

無論是對抗後金，還是安撫災民，或者剿滅民軍，都要花費大量的金錢。

明朝末年的危機，一言以蔽之，就是缺錢。

因為缺錢，軍隊戰鬥力不足，在東北打不過後金；因為缺錢，國家無法安撫災民，造成北方民變四起，民變對國家造成了巨大的經濟破壞，又需要國家支付更多的金錢去剿滅叛軍，因此產生了惡性循環，加速了帝國的滅亡。

說白了，此時的大明帝國已經經濟崩潰，滅亡是必然的，區別只是何時滅亡，以及被誰滅亡。

前面說過，大多數情況下，是歷史造就了英雄，而不是英雄創造了歷史。有時某個英雄人物具備稱雄天下的能力，只是因爲起事的時機不對，或者運氣不好，在戰爭中丟掉了性命，成了別人的墊腳石；有些人，能力只能說是普通，只是因爲趕對了時機，在時勢的裹挾下，竟然做出了一番和他能力不相襯的大事業，陳勝、吳廣是這樣的人，李自成也是這樣的人。

李自成原本是驛站的士兵，崇禎爲了減少政府支出，撤銷了部分驛站，李自成從此失業，隨後加入了造反的行列，還成了民軍的首領。這時中原大地上已經遍地都是叛軍，李自成的影響力並不是排在第一位的，只是排在他前面的頭領都被明軍剿殺，他才變成了民軍的最高領袖。由於明朝北方的經濟危機太過嚴重，李自成的軍隊所到之處，到處都是踴躍加入他隊伍的農民，到處都是爭相投降的明軍，一不留神，民軍已經打到了北京的城下。

其實李自成並無大志，他沒想過眞要推翻明朝的統治，最大的理想是在自己的家鄉割據——甚至在推翻明政府的最後關頭，在他大軍圍攻北京城的時候，他還主動向崇禎提議雙方和談，只要允許他在西北稱王就行，可是在知識分子的道德壓力之下，崇禎皇帝沒有和談、逃跑或者投降的可能。在李自成軍隊入城的前一刻，崇禎帝逼著自己的母親、皇后和嬪妃自殺，又用劍殺死不少嬪妃，砍傷了自己的女兒，然後他手持火槍，帶著太監試圖突圍失敗，又退回到皇宮裡，在皇宮的後山上吊自殺。如果不算後來的南明小朝廷，大明此時就算是滅亡了。

李自成的部隊在百姓的歡呼聲中走進了北京城。假如李自成能有朱元璋一半的見識，他都能爲中國歷史創造出新的一頁，然而，歷史上像朱元璋那樣出身於草莽，又有遠大見識的平民領袖實在是太少了，大部分草莽英雄只懂得如何帶領自己的窮兄弟殺出一條生路，但不懂得如何統治一個以平民爲基礎、由地主豪強構成中層、由儒家知識分子構成上層的複雜社會。

李自成進入北京後不久，開始了對明朝官員的殘酷虐殺。他要求各級官員交出私藏的財產，對他認爲隱瞞了財產的人施以酷刑。很多對李自成抱有幻想的明朝官員，結果慘死在民軍的刑具下。

李自成這麼做有他的道理：人們願意跟隨李自成造反，是因爲吃不飽飯，可是打仗非但不能生產糧食，還要對經濟造成巨大的破壞，那這些造反的人是從哪裡得到錢糧的呢？只能靠搶。

李自成非常值得稱道的一點，是在戰敗之前，他的軍紀一直很好，對百姓少徵糧、不徵糧，基本不劫掠百姓，李自成想要維持龐大的軍費，只能靠搶劫各地的官員和富商。明朝滅亡時，國庫已經見底了，讓京城內的官員和富商「出血」似乎是李自成唯一的選擇。

經過拷打，的確有不少官員吐出了巨額財產。這麼看來，這些人也不算冤：在經濟全面崩潰的亂世裡，這些人占有的每一兩銀子，背後都有無數家庭的血淚，那些曾經因飢寒而家破人亡的民軍們，很有理由憎恨他們。從儒家的忠義角度來說，這些人身為大明的臣子，在大明國庫見底的時候還偷藏著巨額財富，在君王以身殉國的時候投降了敵軍，這些自私的官僚顯然不堪大用，在李自成的手下推測也做不出什麼好事來，這麼看，李自成拷打他們也沒什麼不對。

然而，對不對是一回事，該不該是另一回事。李自成這麼做，犯了一個政治家的大忌：不能同時與所有人為敵，換句話說，他不知道統治的祕訣是「拉攏一批、打擊一批」。

聰明的統治者征服一個地方，面對新的臣民，首先都會做出安民的姿態，表示秋毫無犯，安定人心，然後指派當地的地主豪強、族長家長做些徵收賦稅的事，算是他們表示臣服的「投名狀」。在這個過程裡，統治者摸清了哪些人可以拉攏，哪些人需要打擊，等到時機成熟以後，用高官厚祿大力獎賞順從者，用鮮血和酷刑狠狠懲罰叛逆者，因爲人人都是自私的，在這拉攏和打擊的刺激下，很快就能形成效忠於自己的新集團。

但是李自成不懂得這個道理，尤其不懂得統治古代社會離不開豪強和知識分子的協助。他進入北京後，對豪強、官僚實行的是全面打擊的政策，結果引來了豪強和知識分子的集體反抗。

五

從本質上說，李自成的失敗在於得天下過快。李自成能成功，是因爲他恰好遇到了明朝經濟崩潰的節點，整個北方社會秩序全面瓦解，他正好遇上了社會權力的眞空期。

李自成所到之處，大批平民加入，大批明軍投降，那是因爲明朝的統治太糟，並不意味著李自成的統治有多好。換句話說，在攻陷北京的時候，李自成看起來實力很強大：占領了廣大的領土，擁有龐大的軍隊，好像是明末諸雄中最強的一支，實際上，這些地盤和軍隊只是暫時依附在李自成的身邊，在李自成眞正消化它們之前，並不是眞正屬於李自成的。

什麼是「消化」呢？所謂消化，指的是你得把依附於你的平民和降卒重新編制、篩選、訓練，從頭開始培養他們的士氣和軍紀；對於占領的土地，需要建立一套忠於自己的官僚系統，重新恢復當地的政治秩序。但是李自成得天下過快，這些事情都沒來得及做好。李自成對明朝官員很有成見，所以占領一地後，拒絕使用原有的明朝官員，而是從沒有當過官的人裡選拔官員，這種做法相當於每到一處就要建立一套全新的領導團隊，倒是有一種「改天換日」的爽快感，問題是龐大複雜的官僚機構，不可能在短時間內說建立就建立，以這樣的狀態占領的土地，是不能長久維持的。就在這個時候，歷史發生了戲劇性的變化。

在李自成攻占北京的時候，明朝的邊防軍還在東北地區抵禦著滿清的進攻，其中最重要的是明將吳三桂駐紮在山海關的一支部隊。李自成圍攻北京，吳三桂原本打算帶兵南下勤王。誰知還沒來得及到北京，李自成已經入城，崇禎已經自殺。吳三桂一開始表示願意向李自成投降，但是幾天以後，他突然改變主意，決定與李自成爲敵。

吳三桂突然改變主意的原因至今是一個謎。有人認爲，他聽說在北京的父親被民軍逮捕入獄；也有人認爲，他是聽到謠傳，自己在北京的宅邸被查抄；還有一個最爲八卦的傳聞：吳三桂聽說他的愛妾陳圓圓被大順軍擄走，「衝冠一怒爲紅顏」，這才和李自成刀兵相向。

沒人知道眞正的原因，但是按照當時的形勢分析，降清是吳三桂唯一的選擇。縱觀吳三桂的一生，他是一個非常現實的人。李自成攻陷北京以後，吳三桂面臨著南有民軍、北有滿清的困境，他手中的兵馬不足以單獨對抗任何一方，更要命的，是山海關雖然易守難攻，卻沒有足夠的田地，吳三桂得不到任何補給，根本不可能長時間困守山海關，他必須在李自成和滿清之間選擇一方投靠。

相比李自成對明朝官員的殘酷拷打，滿清在很久之前就特別注重拉攏明朝官員。吳三桂的舅舅祖大壽是個非常英勇的抗清老將，曾經多次在城中人相食的情況下堅持與滿清作戰，甚至還向滿清詐降過。這人後來卻投降了滿清，結果還受到重用，被授予高官厚祿。對於其他的明朝將領，滿清也是如此對待，還曾經熱情地邀請過吳三桂投降。而另一方的李自成呢？即便沒有逮捕吳三桂的父親，沒有擄走陳圓圓，他在北京大肆虐殺明朝官員可是眾人皆知的事實。在聽到這個消息後，吳三桂肯定擔心自己一旦繳械便如羊入虎口，爲了身家性命，投降滿清也就是他唯一的選擇了。

山海關的軍事價值極爲重要，控制住這裡，就可以用很少的軍隊把龐大的滿清擋在關外；這裡一旦失手，滿清軍隊就會像當年占領了燕雲十六州的遼人那樣，如潮水般湧入關內，再沒有天險能阻擋他們的鐵騎。

鑒於山海關的重要性，聽到吳三桂叛變的消息，李自成立刻調派大軍，試圖奪回山海關。李自成人多勢眾，吳三桂自知不敵，於是向關外的清軍投降，放清兵入關，與李自成作戰。

在戰略上，李自成一開始就犯了錯誤，他低估了滿清的威脅，沒有及時派主力部隊在山海關設防；在士氣上，李自成也面臨著尷尬的境地：那些平民、明軍當年肯跟著李自成打仗，是因爲不造反就會餓死，不如拚命打仗還有一線生機。現在他們已經在北京過起了夢寐以求的富貴生活，誰還願意輕易葬送自己的生命呢？曾經驍勇的民軍喪失了鬥志，遇到氣勢洶洶的滿清鐵騎，李自成的軍隊很快土崩瓦解。敗軍回到北京，知道大勢已去，開始劫掠百姓、焚燒房屋以洩憤。李自成在皇宮裡匆匆完成了登基儀式，第二天就焚燒了宮殿，倉皇逃出了北京。北京的市民們還以爲趕走李自成的是大明將領吳三桂的部隊，當他們一心等待著明軍入城時，卻看到了大清的旗幟。

滿清軍隊進入了北京城，最終成爲明末群雄爭霸的勝利者。

我們常說，是歷史造就了英雄，而不是反過來，但是在極少的時候，個人的選擇也可以影響歷史的進程，吳三桂降清就是這樣一個事件。

如果吳三桂肯投降李自成，並且李自成也能極力支持山海關的防務，那麼滿清不會那麼快進入中原，等到中原平定，秩序恢復以後，滿清很可能錯過征服中原的機會。最終，它可能在北方擄走不少土地，要脅中原政權繳納大筆的歲幣，但未必可以統一中國，建立一個近三百年的中原王朝。

六

滿清的君主原本是皇太極，就在李自成進入北京的前一年，皇太極突然去世。他的弟弟多爾袞有心奪取皇位，又礙於其他滿洲貴族的遏制，不方便自己登基，於是，多爾袞選了皇太極六歲的兒子繼位（即順治帝），他自己當上了攝政王，大權實際上掌握在多爾袞的手裡。

多爾袞與皇太極一樣，有長駐中原、建立不朽王朝的野心，吳三桂的投降對他來說是個天上掉下來的大餡餅，就像明朝北方政府的全面崩潰對於李自成是個大餡餅一樣，如何冷靜應對這天大的機會，把一時的好運變成手中的實力，這是對多爾袞的極大考驗。

在與明軍作戰的這些年，滿清對於統治漢人積累起了一套成功經驗。

多爾袞進入山海關後，做了個非常正確的選擇：他打出「爲崇禎帝報仇」的旗號，公開的說法是：我們與大明朝是好兄弟，崇禎皇帝被李自成殺了，我們坐不住呀！我們要清除掉「逆賊」，幫大明朝恢復秩序，幫助百姓恢復生產。爲了做足姿態，清廷進入北京後，下令全體官民爲崇禎服喪三日。

多爾袞的這一招實在高明。古代的中國人特別講究「漢夷之分」，尤其經過了元朝的屈辱統治後，漢人對於外族入侵極爲敏感，換句話說，對於當時仍舊支持明政府的中原百姓來講，李自成的民軍最多只能算是民族內部衝突，而滿清卻是敵我衝突，是國仇家恨，憎恨級別高出一個等級。

多爾袞的這招是什麼意思呢？他提醒那些還支持明朝的人：是誰殺了你們的皇帝呀？誰是你們眞正的仇人呀？我們可不是來入侵的，我們是來幫助你們報仇的呀！一下子從仇敵變成了朋友。這招實在是太聰明，以至於滿清占領北京後，在南方成立的南明朝廷派人與大清談判，要求祭奠崇禎皇帝，結果被滿清官員斥責說：崇禎皇帝我們已經祭奠過了，還用得著你們嗎？當初崇禎活著的時候，你們不發兵救援，後來崇禎死了，你們又不積極掃平叛軍，崇禎皇帝不需要你們這些不忠之臣的祭拜！

滿人以往入侵漢地，都以劫掠爲目的，它可不管什麼保民、安民，見錢就搶，見到房子就燒。但這次入關，滿清有了長久的打算，嚴明軍紀，禁止士兵侵犯百姓，甚至還把被民軍占去的財產還給原來的主人，還停止了崇禎時加派的各種稅收；對於投降的明朝官員，一律優待，官復原職，在這個政策的誘惑下，大量的明朝衙門換了旗號，開始為滿清服務，這讓滿清能夠在很短的時間內恢復占領區的秩序。

在這種情況下，很多漢人，尤其是作為國家中堅力量的地主豪強對滿清抱有幻想，甚至希望能和滿人聯合，消滅掉民軍，最終恢復大明王朝。

與此同時，明朝唯一翻盤的機會，又被明政府自己浪費掉了。

當年朱元璋把首都定在南京，朱棣登基後首都改成了北京，但是在南京留下了全套的政府機構作為虛職，這些虛職一直保留到明朝末年，在北京被攻陷後，南京留下的政府機構就成了一個絕好的備份，可以立刻恢復政府職能。

從宋朝以後，中國的經濟重心就轉移到南方，南方糧食產量很高，又有絲織等手工業，在東南沿海的對外貿易中獲利極大；南方又有溼熱的氣候、複雜的水道，不適合北方民族作戰，當年南宋面對不可一世的蒙古軍隊還抵抗了四十多年。如果明政府能夠據守南方，與滿清形成對峙，以富庶的南方對付已經被饑饉、兵亂蹂躪了數十年的北方，不要說防守，反攻都是有可能的。再說滿清打的是恢復明朝的旗號，南明政府一旦確立，滿清就出師無名了。南明政府就可以以「漢夷之分」的名義，得到北方百姓的廣泛支持，取勝的可能就更大了，但是南明政府太不爭氣。

在民軍氣勢洶洶的時候，崇禎本來考慮過逃到南京，但是南逃與議和一樣，承受不住正義之士的道德鞭撻，因爲南遷意味著放棄了北京附近的皇室陵寢和太廟，這是對祖先極大的不敬。因爲輿論壓力太大，崇禎與大臣商量南逃事宜時，甚至要先看看四下有沒有人偷聽。最終，崇禎沒能南逃，甚至都沒能把自己的兒子送到北京城外。李自成攻陷北京後，崇禎自殺，他的幾個皇子全部被李自成的軍隊俘虜，結果導致大明王朝在同一時間失去了皇帝和他的直接繼承人。南方那些仍舊支持明政府的勢力，爲了誰當新皇帝開始了一輪輪的內鬥和混戰。

從根本上說，南明的內鬥是因爲此時的中央政府已經失去了控制力，眞正掌權的是各地的軍閥、豪強和地方政府。這些人都有自己的小勢力，誰也不肯屈服於別人。假如是崇禎或者他的皇子來到南方，鑒於皇權的影響力，這些地方勢力可以很快集合在一起，但在群龍無首的時候，他們就成了一盤散沙。

崇禎自殺後，南方的漢人之間不斷發生著激烈的衝突：他們爲了支持哪一個新皇帝衝突，爲了閹黨和東林黨之間的宿怨衝突，爲了搶奪地盤、擴張自己的勢力衝突。朝廷之上互相謾罵攻擊，官員之間互相拆臺，政權和政權之間、軍閥和軍閥之間發生激烈的爭鬥，甚至爆發內戰。

在李自成和南明政權都無力恢復社會秩序的情況下，最後的勝利者，只會是滿清了。

中國的另一面——

明、清之際的東南沿海

一

在明、清交替之際，我們先把大陸上的政治爭鬥放在一邊，回來看看從明初到清初這段時間的東南沿海問題。

在傳統的論述中，常認爲古代中國是一個靜止、保守、封閉的農業國家，商業在中國居於末位，在談論中國的內陸地區時，這個看法大致是對的，但中國除了內陸，還有廣闊的海域，當我們來到中國的東南領海和沿海地區時，見到的則是完全不一樣的世界。

幾千年來，東西方之間的貿易存在著巨大的利潤空間，在這利潤的驅使下，歐亞商人（而不是張騫）打通了陸上絲綢之路，這條路連接了中國、印度和歐洲，三個地區的商品在這條路上川流不息。但是到了唐朝中後期，西域地區由於戰亂的原因，商路斷絕，利潤的誘惑逼著商人們很快發現了替代的辦法：走海路，從中國的東南沿海出發，沿著海岸線向西到印度，再到中亞的波斯灣和紅海，再走陸路進入東歐。這個路線和陸上絲綢之路一樣，也同時連接了中國、印度和歐洲，但是避開了戰火不斷的西域。

從此以後，中國的東南沿海的海上貿易日益繁華，透過出口絲綢等手工業品，大量的財富湧入中國。宋代以後中國經濟重心轉移到南方，除了農業的原因外，也有海上貿易的因素，繁榮的貿易一直持續到了明朝前期。

興旺的海上貿易，促進了航海技術的發展。另外，元朝的首都在北京，每年要從南方往北京運送大量的糧食，可是，當時的南北大運河還沒有修到北京，幸好北京靠近海邊，離它不遠的天津就是一個優良的港口，而且海運的費用比河運更便宜，所以元代的糧食運輸很大程度上依靠海運。有了國家的支持，海運的艦隊規模越來越大，也促進了海運技術的發展。

到了明朝，中國的海運技術達到了世界前列，爲接下來鄭和所開創的航海事業，打下了技術基礎。

有無數人幻想過，假如明初鄭和的艦隊是一支類似西方人那樣的殖民艦隊，在亞洲、非洲沿岸建立起大明王朝的殖民據點，中國的歷史會發生什麼樣的改變？你看英國一個彈丸小島，能一躍成爲世界最強的「日不落帝國」，靠的不就是遍布全球的殖民地嗎？中國大明帝國比它大了不知多少倍，起步要早上百年，這稱霸世界還不就是手到擒來嗎？

沒戲唱。

我們在閱讀清末歷史的時候，可能會產生一個錯誤的印象，認爲中國之所以被列強欺辱，是因爲中國的船不夠結實、大炮不夠先進，只要中國的科技趕上列強，中國就能反過來欺負別人。這個觀點錯誤地把西方崛起、人類進入現代化的原因總結爲「科技發展」。

鄭和的艦隊規模龐大，所到之處天下無敵，他最遠航行到了非洲北端，航行距離在當時的世界上首屈一指，就算瞬移到幾十年後歐洲的地理大發現時代，鄭和的艦隊和歐洲人的艦隊都有得一比。

但這不重要，因為鄭和的遠洋事業並非來自於民間，而是皇帝的一時興起，注定不能長久。

鄭和原本是朱棣家中的宦官，後來朱棣造反，鄭和立下戰功，受到朱棣重用，最後被派往南洋。至於朱棣開展遠洋事業的真正原因，史學家眾說紛紜，有人說是為了擴大明帝國的政治影響，有人說是為了追求貿易利潤，也有人說是因為朱棣攻陷南京後，建文帝失蹤，後來有人傳言在南洋見過建文帝，朱棣派鄭和航海，是為了尋訪建文帝，以絕後患。

朱棣之後的皇帝失去了對遠洋的興趣，中國的遠洋事業也就戛然而止，鄭和的航海檔案被鎖在了深宮的檔案櫃裡。幾十年後，明憲宗又對遠洋產生了興趣，命人去找鄭和的航海檔案，結果怎麼也找不到，據說是被兵部尚書私自藏匿（一說焚毀）。反正皇帝也就是一時的興頭，檔案沒了也就沒了，航海的事情沒人再提，反倒是迎來了漫長的海禁時代。

二

前面說過，朱元璋看不到商業貿易的好處，希望把中國變成一個靜止、凝固的農業社會。偏偏大海是無拘無束的自由世界，在沒有雷達和衛星的古代，在茫茫大海中想找到一條船千難萬難，官府想要澈底控制一個海域實屬痴人說夢。

朱元璋看到船隻可以在中國沿海隨意往來，想停就停，想走就走，隨之而來的就是海盜、走私，以及敵對分子的滲透，整個大明帝國的半壁江山全都暴露在茫茫大海前，這怎麼能讓朱元璋安心呢？於是朱元璋用他一貫的蠻橫手法來解決問題。他一聲令下，禁止了民間的一切航海行動，這就是明朝「海禁」政策的開端。在隨後的歲月裡，明朝的海禁政策時鬆時緊，到了明朝中後期的嘉靖時，海禁達到了高峰。

貿易利潤的誘惑是極大的，這種誘惑能讓古代人類在凶險的沙漠中開出一條絲綢之路，朝廷一道小小的禁令，怎麼能比得上利潤的力量呢？

海禁政策越嚴格，走私的利潤也就越大。由於海禁，原本的航海商人不能正常貿易，一些膽大的便開始走私，這生意不僅利潤更高，還不用繳稅。

於是在海禁期間，中國的東南海域出現了很多走私販子，他們為了抵抗官府的搜捕，武裝自己的船隻。在大海上，武力就是王法，這些武裝商船遇到比自己弱的船隊也會出手搶劫，也會侵擾沿海百姓。這些半經商半當海盜的艦隊，在當時被稱爲「倭寇」。

「倭」是古代中國人對日本人的稱呼，因爲當時很多中國人認爲海盜大多是日本人，所以有了「倭寇」的說法，其實，當時的海盜裡什麼國籍的人都有，有日本人，有中國人，也有歐洲人。由於東南沿海離中國比較近，中國人口較多等因素，實際上倭寇裡占大多數的是中國人，如：嘉靖時最有名的海盜首領汪直，原本就是徽州商人，他的手下既有中國人，也有日本人。

這些倭寇把基地設在日本平戶島，這樣可以遠離明朝海軍的控制範圍，還能從日本得到源源不斷的武器和物資供應。倭寇中有不少中國成員，因此熟悉中國的地形、民情，在中國還有支援他們的內奸，一些中國沿海的村子和倭寇進行貿易，以換取利潤和保護。還有一些中國村民，平時當老百姓，倭寇來了就跟著倭寇一起打家劫舍，爲倭寇提供本地情報。因爲這些優勢，倭寇甚至能攻入縣城，殺死縣令，對沿海百姓帶來很大的災難。爲了剿滅他們，明政府每年要拿出大筆軍費，戚繼光就是在抗倭戰爭中脫穎而出的。

戚繼光是當時第一流的軍事家，他看到沿海的邊防部隊軍備廢弛，根本沒法用，於是乾脆自己招募、訓練部隊，組織了一支強大的「戚家軍」，在對倭寇的作戰中屢屢獲勝，但是並沒有什麼用。

戚繼光在東南沿海屢戰屢勝，卻沒有辦法禁絕倭寇，因爲只要利潤的誘惑足夠大，總會有人鋌而走險。而且倭寇的基地在日本、南洋，他們打不過就跑，明朝這邊永遠也不可能澈底勝利，所以明朝的抗倭戰爭，是今年打完了明年打，明軍不斷獲勝，可是倭寇就是打不完，反倒把國庫打得日漸虧空。

最後倭寇問題怎麼解決呢？很簡單，利潤的問題還要靠利潤的手段去解決。後來大明朝解除海禁，允許私人商隊經商，這個規定一出來，那些走私商隊都很開心，他們可以合法地獲得貿易利潤，不用冒著掉腦袋的危險，還可以省出大筆原本用來對抗官府的軍費，那誰還願意做海盜呢？當然多少還剩下一些頑固的海盜，但實力大不如以前了。

另一邊，朝廷也很開心。一個是省下了抗倭軍費，沿岸居民也能安居樂業，爲國家繳納更多的賦稅；另一個是國家可以透過海外貿易抽取大筆關稅，原本用來供給海盜的錢，都落入了國家的荷包，再加上日本也加強了對海盜的查禁，明朝末年的倭患才得以解決。

如果明朝政府能早點想到這個辦法，能早認識到貿易的巨大力量，明朝才眞有可能代替英國，成爲「日不落帝國」。

就在鄭和開始第五次航行的時候，在地球的另一邊，西方人也開始了遠洋探險。與鄭和龐大、豪華的皇家艦隊相比，歐洲探險者們的艦隊可就寒酸多了。

在大航海時代之初，外出探險的航海者大多抱著發財升官的目的，只憑著一張嘴皮子到處游說貴族、富商，要來一筆錢，買來幾艘船，就敢搖搖晃晃地朝大海深處駛去。後來哥倫布發現美洲的時候，整個船隊只有區區三艘船，連鄭和艦隊的零頭都比不上，但是歐洲人的航海動力並非來自於權貴的個人興趣，而是追逐利益的私心。

因爲這一個小小的不同，東、西方走向了完全不同的道路。

三

在講明末經濟危機時，我們說過，中國並不是產銀國家，僅僅是靠對外貿易，就變成了一個白銀大國，這從側面說明了中國商品在對外貿易中有多麼大的優勢。當時，最受歐洲歡迎的中國產品是絲綢、瓷器、茶葉，這些精美的商品到了歐洲便價值連城，成爲只有貴族才能享用的奢侈品，更受歐洲人歡迎的，是產自印度和東南亞的香料。

在近代以前，歐洲人的烹飪方式非常單調，調味料很少，而且那個時代沒有冰箱，保存肉類的辦法只有風乾和拿鹽醃漬。這些醃肉、乾肉味道除了鹹還是鹹，非常難吃。後來歐洲人發現來自東方的香料——胡椒、肉豆蔻、咖哩、薑、桂皮之類——是非常棒的調味品，只要放上一點，難以下嚥的食物就變得香噴噴了。歐洲人很快迷上了香料，貴族的一日三餐全都離不開它，不僅吃飯加香料，連喝酒和咖啡也要加香料，甚至高級蠟燭都是加入香料製成的，香料已經成爲西方人生活的一部分了。

由於路途遙遠，香料和中國的手工藝品運到了歐洲都會變成天價。一開始歐洲的貴族們還能負擔得起，但是到了明朝初年，阿拉伯人統治了中亞。絲綢之路有陸上和海上兩條，從陸上走自然要經過中亞，從海上走要在波斯灣或者紅海登陸，這裡也屬於中亞。那個年代還沒有蘇伊士運河，歐洲人也沒有發現非洲南端的好望角，在歐洲人已知的範圍裡，中亞是去往東方的必經之路，現在中亞被阿拉伯人占領，他們和歐洲人的宗教信仰不同，歐洲的商隊經過中亞，要向他們繳納非常重的稅。

這樣一來，歐洲的香料價格開始急速飆升，甚至比得上黃金，商人們交易香料要像交易寶石那樣，用天平小心翼翼地秤重。我們今天幾十、幾百塊錢就能吃到的黑胡椒牛肉，在當時相當於幾萬塊錢一頓的豪門盛宴，不是貴族根本吃不到。

巨額利潤誘使人們創造奇蹟，其中最受刺激的，是葡萄牙、西班牙和荷蘭。這三個國家位於歐洲最西邊，東方的貨物到了他們的手上又要經過沿途商人的層層剝削，價格更高，而且葡萄牙和荷蘭都是歐洲小國，國土面積狹小，在陸地上沒有發展前途，它們自然把目光轉向海上貿易。

金錢和物資，這是歐洲人開始環球航行、地理大發現的根本動力。有的書上把哥倫布、麥哲倫時代的環球航行寫成了「人類對真理的偉大探索」，這麼說雖然也對，但航海家們根本的動機是為了地位和財富，在發財的夢想下，歐洲的航海家們開始四處航行，拚命尋找繞過中亞，從海上直接到達亞洲的辦法。

首先出發的是葡萄牙人，他們順著非洲海岸一路南行，想要繞過非洲直抵印度，當時非洲土著的文明程度遠遠落後於歐洲人，於是這些葡萄牙人不客氣地把沿岸停靠的地方都宣布是自己的領土，並建立了據點。等到西班牙人開始航海的時候，發現沿著非洲的路都被葡萄牙人占著了，沒法走了。

好在當時很多人相信地球是圓的，於是哥倫布帶領船隊向西邊的大洋深處駛去。在艦隊即將絕望的時候，哥倫布幸運地發現了土地。他以為這就是傳說中的印度，於是把他遇見的土著稱為「印第安人」（「印第安人」和「印度人」的英文寫法一樣），其實，他發現的是美洲大陸。

美洲大陸雖然沒有香料，但是有豐富的銀礦，西班牙人在美洲開採了大量的白銀，透過貿易輾轉流到中國，這才促成了張居正「一條鞭法」的施行。

另一面，是葡萄牙人繼續推進向東的航路，終於在明朝中葉的時候來到了中國。當時明朝還沒有開放海禁，葡萄牙人透過向廣州官員行賄的方式，以「租借」的形式得到了一小塊土地的居住權，這塊土地就是澳門，葡萄牙人算是在中國扎下了根，從此透過對華貿易，獲得了大筆的財富。

到了明朝末年，荷蘭人後來者居上，海上實力反超葡萄牙。了解鴉片戰爭史的朋友都知道英國有個「東印度公司」，其實，荷蘭人比英國人更早地建立了自己的「東印度公司」，這個所謂「公司」並非我們熟悉的商業機構，而是一個獨攬軍事、金融大權的殖民地政府。荷蘭人由此成爲明朝末年，在中國東南海域裡最強的一支西方力量。

不過，西方人裡最強的艦隊，放到中國這邊啥也不是。在有些人的印象裡，西方列強的艦隊一到中國就大殺四方，隨意輾壓，其實在明朝時，中國的艦隊要比西方人強很多。主要原因是此時的歐洲還沒有進入資本主義的高速發展階段，國力還比不上龐大的中國；另一大原因，是西方艦隊長途奔襲，要繞過半個地球來到中國，中國的艦隊可是在家門口作戰，支援物資近乎無限，所以西方人無論如何也討不了好去。

只是到了明朝末年，明帝國的軍事重心在北方，南方的海事不受重視，海面逐漸被私人艦隊和外國勢力壟斷。其中最強的一支，是鄭成功的父親鄭芝龍的艦隊。

四

鄭芝龍這個人，用文雅的詞說，是一個「機會主義者」，用白話說，是個老油條、無賴。

鄭芝龍從小就混跡於中國、日本和東南亞之間，他這個人完全沒有原則，誰給的利益多，他就跟誰混。他跟隨過中國海盜，替荷蘭人當過翻譯，皈依過天主教，也在日本混過很長一段時間，他還在日本娶妻，鄭成功就是鄭芝龍與他的日本妻子所生的。

後來，鄭芝龍混出了頭，他的艦隊在臺海區域數一數二。他看準機會，投靠了明朝政府，成了明朝的海軍將領。這個所謂的「投靠」只是名義上的換個旗幟，鄭芝龍原來的部下、軍隊、艦隊仍舊歸他一個人指揮，就是旗幟變成了大明的而已，這麼做也是明朝政府的無奈之舉：此時明朝已經無力維持沿海秩序，把鄭芝龍的艦隊招安，也算是在名義上平定東南海域了。

鄭芝龍投靠明朝也不是因爲他多忠於大明，而是想借著明朝政府的支持打擊海上的敵對勢力，再者，他畢竟是中國人，投降明朝後，便從通緝犯變成了有頭有臉的權貴，可以大搖大擺地回到中國生活了。在被招安後不久，鄭芝龍就把留在日本的老婆和六歲的兒子鄭成功接回了福建老家。在福建，鄭成功過著富足閒適的生活。

鄭芝龍不打算讓孩子接自己的班，他要鄭成功好好讀書考試，走一條在當時最爲穩妥、最爲體面的科舉之路，然而大時代風雲突變，李自成進京，崇禎上吊，清軍入關，鄭成功再也不可能過著平靜的生活了。

崇禎上吊的消息傳到了南方，南方殘存的明朝官員倉促組織起了數個小政府。鄭芝龍原本就是明朝官員，順理成章地成了南明的海軍將領，當然，他並不是眞正要恢復明朝江山，而是手握自家的艦隊，尋找機會謀取更大的利益。

前面說過，南明政權是爛泥扶不上牆，清軍一路氣勢洶洶地殺到了南方，這時鄭芝龍再次展現了投機分子的本色，不做抵抗就投降了清軍。鄭芝龍認爲清軍只會騎馬作戰，不擅長水戰，自己投降後，清軍一定會特別仰賴他的艦隊，將來定會風光無限。

在這件事上，鄭成功和父親產生了分歧，他極力勸阻父親，認爲降清沒有好處。鄭芝龍不聽兒子的勸，自己跑去向清軍投降，結果鄭芝龍投降後，清軍把他一個人帶到了北京。這樣一來，鄭芝龍失去了自己的艦隊，失去了全部的家底，成了清朝的籠中鳥。

這邊清軍在招降鄭芝龍後，立刻違背了和鄭芝龍之間的協定，攻陷了鄭芝龍的家鄉。清軍所到之處大肆姦淫擄掠，鄭成功的母親也被清軍侮辱，最後上吊自殺，這對鄭成功來說自然是刻骨仇恨，父親又被清軍軟禁，鄭成功便招募鄭芝龍的餘部和其他抗清勢力，舉起了反清的大旗。

當時南明朝還有一個永曆帝在廣西抗清，鄭成功便奉永曆帝為君主，當然，這就是名義上這麼一說，鄭成功其實只是暫時屈從，別說他和廣西距離很遠，就算很近也不會服從南明的調遣，甚至為了搶地盤，鄭成功還發兵進攻過永曆政權。

鄭成功是個很有能力的政治家、軍事家，鼎盛時期，他的軍隊多達幾十萬人，在東南地區占領了不少清軍的地盤，還曾大舉進攻過南京，但是鄭成功的軍隊不擅長陸戰，因此不能長期占領大片土地，也就得不到足夠的賦稅收入。鄭成功的補給除了海外貿易外，只能靠沿岸劫掠、強徵，這其實和他父親當年半海盜半海商的模式沒有多大區別。

一開始，清軍重點清剿中國西南地區的反清勢力，顧不了對付鄭成功。後來西南逐漸平定，清軍的大部隊來到了東南地區，鄭成功在陸上的城鎮被清軍一一攻陷，他急需一個能長久駐紮的據點，於是把目光移向了臺灣。

五

中國人在很早以前就移居到臺灣，元朝和明朝的政府都曾在澎湖列島上設置了官署，不過當時的臺灣還很荒涼。

荷蘭人剛來到東方的時候，一開始想玩狠的，用武力奪取澎湖列島，結果和明朝軍隊打了幾仗，大敗而歸。這時，澎湖列島駐軍的一位翻譯告訴荷蘭人，說不遠的地方有一個叫做「大員」的地方，要他們去那裡居住，不要來騷擾澎湖，這個所謂「大員」，就是今天臺南地方的一個沙洲。

臺灣對於當時的商人和海盜來說，是一個理想的據點，它一面緊鄰中國大陸，一面可通向日本，一面靠近東南亞，地處海上交通的要道，特別適合作為往來船隻的補給據點。由於缺少明朝軍隊駐紮，此時的臺灣屬於「誰有槍誰就是老大」的狀態，很多勢力同時盤踞在島上，你占一個港口，我占一個據點，荷蘭人就在臺灣的南部地方建立了要塞。

明朝官員要荷蘭人去「大員」，只是想給這些商人一個可以補給停靠的地方，省得他們再來騷擾。但是荷蘭人把這裡當成了自己的殖民地，他們開墾土地，要求當地人爲他們種植棉花，還向百姓收稅。因爲過於殘酷，當地的百姓曾經爆發了一場起義，但被殘酷鎮壓，不少人被屠殺。荷蘭人還懷疑這場起義背後的主使是鄭成功，他們之間的衝突越發激烈。

爲了獲得根據地，鄭成功向荷蘭殖民者發動了進攻。經過半年多的艱苦戰爭，荷蘭人死傷慘重，殘存的荷蘭守軍向鄭成功交出了城寨，全部撤出了臺灣。

從此，鄭成功控制了臺灣，在島上進行了大規模的開發和移民。清朝缺少海軍部隊，在海上打不過鄭成功，現在鄭成功又有了根據地，清廷更沒轍了，於是清政府像明朝當年對付倭寇那樣，實行禁海政策。清廷的禁海政策更加澈底，也更加殘酷，規定靠近臺灣海峽區域沿海三十里範圍內的居民全部遷走，村莊田舍全部焚毀，入海河流植入木樁截斷，有的地方還修築城牆、城寨，派兵防守，過界者一律處死，保證「寸板不許下海」。

這項政策導致沿海大量的田地、房屋被毀，無數依靠大海爲生的漁民、鹽工、商人失去了生活來源，不少百姓因爲擅自過境而被殺害。對沿海百姓來說無異於天大的災難，「百姓失業流離死亡者，以億萬計」。

占領臺灣後不久，鄭成功就去世了。他死後，他的部將們擁戴鄭家的子孫繼位，可惜的是鄭成功的子孫都很不爭氣，他們貪圖享樂，甚至出現了長子與四弟的乳母私通這種混亂的事。鄭成功去世後，他的子孫每一次掌權都經過了殘酷的內鬥，兄弟之間刀兵相向，互相殘殺，再加上清朝已經初步完成了中國的統一，可以騰出手來全力對付東南，鄭家的滅亡只是時間問題了。

論國力，清政府剿滅鄭成功不是問題，只是清廷缺乏優秀的海軍，軍艦還能靠錢堆出來——反正大多數造船的工匠、船塢還都在大陸，可是富有經驗的海軍將領怎麼辦？訓練有素的水兵怎麼辦？

結果是鄭成功的內亂平白送給清廷一個人才：施琅。

施琅是個很有才幹的海軍將領，他原本是鄭芝龍的部下，鄭芝龍降清後，就跟隨了鄭成功，但是施琅後來遭受了鄭成功的排擠，兩人衝突加劇，鄭成功逮捕了施琅全家，只有施琅一個人逃脫，鄭成功知道後勃然大怒，殺了施琅的父親和弟弟。這麼一來，這仇恨是沒法解了，施琅對鄭成功恨之入骨，轉身投降清廷。因爲身上有血海深仇，清廷不擔心施琅的忠誠問題，讓他負責組建、指揮海軍。在鄭氏內亂，實力大爲衰弱的時候，施琅帶領大軍殺到臺灣。當時已經是康熙二十一年，四海之內，再也找不到反抗清政府的力量，清廷空前強大，鄭氏又內亂不斷，統一是毫無疑問的結果。鄭氏家族在打敗了一場海戰後，就向施琅投降，從此，清廷在臺灣建立官府，駐守士兵，開始了對臺灣的統治。

直到兩百年後，清政府和日本簽訂了不平等的《馬關條約》，臺灣落到了日本人的手裡。

走向巔峰與自我毀滅——

清朝的建立

當年，劉邦向一起打天下的兄弟承諾：你們為我賣命，將來自然有享不盡的榮華富貴！結果等到劉邦當上皇帝以後，他卻把當年的兄弟們幾乎趕盡殺絕。

楊廣要李淵幫他防守突厥，李淵拍著胸脯答應：表兄弟咱們一家人不說兩家話，有我在您就放心吧！結果楊廣下江南的時候，李淵打出反旗，把隋朝的首都占了。

後周皇帝柴榮害怕禁軍將領奪他家的皇位，他看趙匡胤這人沒有背景，最老實，臨終前把他提升為禁軍首領，趙匡胤指天發誓：我這人忠心耿耿，那還能有錯嘛！結果柴榮一死，趙匡胤就把他的孩子抓了起來，自己當上了皇帝。

朱元璋……朱元璋的例子就不用講了，他登基後，不光殺了為自己賣命的兄弟，還把人家親戚、朋友幾百口一起殺了——讓你們知道當年為我賣命的下場就是家破人亡，全家死光光。後悔啦？後悔也來不及啦！

這些開國皇帝全都是謊話連篇。

清軍以「為崇禎報仇」的名義入關，就是多爾袞撒的第一個彌天大謊。清軍剛入關時，為了盡可能得到漢人的支持，多爾袞做出一副仁主的模樣，保護百姓財產，維持社會秩序，籠絡漢族官員。

等到天下統一，大局已定，就用不著再去討好漢人了，當初的許諾很快被拋到了腦後。早期的清政府還殘留了部落政治的痕跡，朝廷貴族在政治上有相當的影響力，爲了籠絡這些貴族，多爾袞允許他們在占領區隨意圈占土地，稱爲「圈地」。有時「圈地」就是字面意思：清廷官員騎馬跑上一圈，所包圍的土地就屬於他的了。

更可怕的是屠刀。

征服中原的時候，清軍就像蒙古人一樣，對於頑強抵抗的城市，在攻陷後往往進行殘酷的屠城，著名的如：大同屠城、廣州屠城，以及「揚州十日」——對揚州百姓進行長達十日的屠殺、強姦和劫掠。

清朝的髮型服飾和明朝人不同，清朝習慣把前額的頭髮剃掉，在腦後留一個長辮子。具體的樣式有數種，有的像我們在清宮戲裡見到的那樣，只剃一半的頭髮，後面有又長又亮的大辮子，也有的只在後腦留一小撮頭髮，編成的辮子又細又短，稱爲「金錢鼠尾頭」。

前面說過，中國古人非常看重衣服和髮型的樣式，認爲這是區別文明人和野蠻人的標誌。清人的髮型在明人看來極爲醜陋可笑，因此剃頭成了漢人全心投靠清廷的證據——漢人剃了這頭肯定沒法再叛逃回去了，回去不是被砍死也得被嘲笑死。

所以多爾袞剛攻陷北京的時候，下令漢人要剃頭留辮，結果這道命令受到漢族官民的激烈反對。因為在漢人看來，被異族統治還可以容忍——蒙古先不說，南北朝、五代十國、遼和金，漢人被統治的時候多得是，你要是心裡想開了，這日子也能過下去。

但是很多漢人覺得，皇帝可以換，文明不能丟，換了主子，我還可以為了延續中華文明忍辱負重地活下去，但衣服、髮型一換，我就不是「人」了。

對於普通老百姓，這事也不能忍。有的朝代，剃髮是犯人特有的標誌。《孝經》裡說：「身體髮膚，受之父母，不敢毀傷，孝之始也。」就是說，頭髮是父母給我的，剃掉我的頭髮就是不孝，孝又是儒家最基本的道德要求，在當時人看來，不孝連做人的資格都沒有，那是個女子被人非議都會被逼跳井的時代，你說我不孝？你還不如直接弄死我算了。

所以多爾袞的剃頭令非常不得人心，原本服服貼貼的漢人一下子都憤怒起來。多爾袞一看不行，趕緊收回命令。

等到第二年，清軍打敗了大順和南明政權，大勢已定，又開始下令剃髮留辮，而且嚴厲地聲稱，誰不剃髮留辮，就殺了誰，這就是有名的「留頭不留髮，留髮不留頭」。經過上一次的漢人反抗，多爾袞這一次是深思熟慮，有備而來，他寧可漢人造反，也要把這件事辦了。

多爾袞爲什麼要冒著叛亂的風險，非要和一個髮型過不去呢？清朝的剃髮令，其實不只是髮型好看不好看的問題，甚至也不光是漢人忠誠度的問題，它能解決清初統治的一個重要難題。

凡是在特別強調團結的團體裡，都會有羞辱新人的現象。羞辱新人的意義就在於，每一個人在加入團體之前，他都是擁有獨立人格的自由人，這種狀態下的人是不能真正服從團體的。羞辱新人，是爲了先摧毀他的自尊，讓他認知到自己的尊嚴、人格一文不值。等到這個人的自我認同全都崩潰了，再讓他經歷和隊友同吃同住、同享受共患難的團體生活，讓他重新建立完全依賴於團體的人格，變成一個團體觀念極強、能完全服從團體的人。

這個心理學效應，正好可以幫助多爾袞解決一個重大的問題。

多爾袞知道，想要長期統治中國，必須漢化，必須採取儒家制度，使用儒家官員。清朝得天下太快，儒家知識分子現在培養來不及，只能從明朝現有的讀書人裡選拔。

但問題是明朝末年的那些知識分子骨頭太硬了，他們認爲自己堅持的價值觀比皇帝還大，比死亡還大，所以他們能以死抗爭魏忠賢，也能在朝堂上逼著崇禎一次次更改決定。這樣一群知識分子，現在你要他們來管理清朝的天下？就算他們答應了，你用著能放心嗎？

實行剃髮令，第一是把那些拒絕迎合清政府的頑固知識分子挑出來，把他們的肉體消滅；第二是要讓那些嘴上說投降，心裡卻瞧不起清廷的知識分子遭受一次肉體和精神上的雙重羞辱：你不是覺得你們漢人高人一頭嗎？你不是瞧不起我們嗎？我現在讓你留我們這樣的頭，我看你還驕傲不驕傲呢？你不是號稱是儒家的道德模範嗎？你不也剃頭髮了嗎？你不也沒以身殉節嗎？那你還能以道德模範自居嗎？你頂著這麼一個清朝的髮型，還好意思將來再鼓動旁人講什麼明、清之分、民族大義嗎？

這剃髮，就相當於是知識分子降清的投名狀，你先把自己的尊嚴摧毀，清廷再用你就方便多了。

不難預料，剃髮令一出，激起了漢人的強烈反對，尤其是在南方，那裡是知識分子的大本營，是東林書院的所在地，原本已經順服的漢人，又有不少人站出來反抗清朝的統治。可是形勢不同以往，這一次清軍的鐵騎足以輾壓零星的反抗者，而且「懲戒」起來更加無所顧忌，血腥慘案層出不窮，在江陰、嘉定等多個地區製造了大屠殺。因為嘉定在清軍和義軍的手裡反覆易手了三次，清軍便在嘉定進行了三次屠城，被稱為「嘉定三屠」。

同樣是北方民族入主中原，元朝維持一百年，清朝將近三百年，清朝之所以統治得如此成功，因為他們手中有個最強有力的武器：歷史。

二

早在入關之前，清朝統治者就酷愛閱讀中國歷史，皇太極曾經下令所有滿洲官員都要學習遼、金、元的歷史，從這些入主中原的游牧民族身上學到了大量經驗。清廷深知，漢化和儒化是統治中國的不二法則。可是自從元朝之後，漢地人民「漢、夷之分」的情緒特別強烈，清朝想要用儒家制度統治中國，就得先把漢人對「夷狄」的歧視去掉，要漢人對清朝統治者保持足夠的尊敬，這就是清朝寧可激起百姓起義也要嚴格推廣「剃頭令」的原因。但在骨子裡，清廷又在全方位地採取漢化政策，各種政策都沿襲、改編自明朝的舊制度。

因此不妨說，清朝的國家政策是「滿表漢裡」。也就是說，在表面上處處維護清朝統治者的地位，剃髮也好，使用滿人的禮節也好，旗人擁有種種特權也好，都是在清除漢人的自大，但是在內裡，清朝其實是一個完全漢化、採取儒家制度的社會，和漢、唐、宋、明沒有本質的區別。

在入關前，皇太極就要求滿漢官員子弟都學習儒家知識，統治中國以後，清朝統治者對皇家子弟的漢學教育更加嚴格，皇帝的漢學水準一個比一個高。

在國家制度上，清朝基本延續了明朝的制度，同時也吸取了明朝滅亡的教訓，進行了一些改革。比如：明朝由於司禮監有批紅的權力，出現了一批擾亂朝政的大太監，清朝就嚴厲打擊宦官，取消了司禮監，極力貶低宦官的地位。清朝末年出現的大太監李蓮英、小德張之流，權勢和魏忠賢根本沒法比。再比如：明朝末年皇室宗親越生越多，遍布全國，對國家財政帶來巨大負擔，清朝就把爵位的世襲制度改了，改成「降襲」，子孫在繼承父輩爵位的時候，每一輩都降一等，越到後來等級越低，也有少數皇帝特別青睞的家族可以例外，稱爲「鐵帽子王」。「鐵帽子」，就是說他們家的爵位可以永遠傳下去，不貶值。

明朝的舊規矩好改，清朝自己的舊規矩就不好辦了。

清朝得天下太快，很多制度還沒有來得及澈底漢化。在剛入關的時候，清朝正處在從部落制到集權制的過渡階段，權力還不能完全集中在皇帝的手上，其他清朝貴族也有相當的權力。在順治的時候，皇帝之下還有一個「議政王大臣會議」，由滿洲的王公貴族組成，是國家的最高權力機關，等於有什麼國家大事，皇帝要和貴族們商量。

在講春秋戰國的時候，我們就說過貴族政治的危害，這種制度在清朝的漢化過程中當然要被拋棄。清朝很幸運的是前期幾個統治者都非常有才幹，皇太極和多爾袞都是在軍事上雄才大略，政治上力主漢化的雄主。皇太極的兒子順治皇帝也不差，他雖然繼位時年紀很小，可是不甘於受多爾袞的控制，在多爾袞死後，立刻打擊多爾袞的殘餘勢力，把權力抓到自己的手裡。

順治的兒子康熙也是這樣一個皇帝。康熙繼位的時候年紀也很小，只有八歲。順治交接權力時，延續了貴族政治的傳統，讓鰲拜等清朝貴族輔佐康熙。康熙雖然年紀小，但是卻知道大權不能旁落的道理，他在十六歲的時候經過精心策劃，逮捕了鰲拜，鞏固了自己的權力。

可是在除去鰲拜後，又出現了貴族索額圖、明珠等人專權。康熙意識到，皇權眞正不穩的原因是議政王大臣會議的存在，爲此，康熙在皇宮的「南書房」另外建立了一套祕書制度，來協助自己的工作。

南書房原本是皇帝和大臣吟詩作畫的地方，康熙選中它，是因爲它的位置靠近內廷，便於和皇帝隨時交流。有了南書房祕書制度，康熙開始削弱議政王大臣會議的地位，有什麼國家大事都拿到南書房商議。因此南書房的地位就有點像明朝的內閣，在那裡任職的大臣都是國家重臣。我們看清宮劇，如果講的是康熙、雍正兩朝，說賜某個大臣「南書房行走」，那說明他的地位是非常高了。

除了「南書房」，還有「軍機處」。

軍機處，是雍正當權時清軍為了征討準噶爾在宮內臨時設立的軍需辦事處，後來雍正覺得這個機構挺好的，把它變成一個常設的軍事部門。到了乾隆的時候，軍機處權力越來越大，把國家的一切事務都管起來了。這時軍機處就取代了南書房，成為清朝的最高權力機關。我們在乾隆以後的清宮劇裡，見到誰有「軍機處行走」、「軍機大臣」的頭銜，那他就是最高等級的大官了。

三

清朝的最高權力結構與明朝最大的不同，在於權力進一步集中在皇帝的手裡。明朝的最高權力機構是內閣，內閣首輔相當於宰相，雖然權力比過去的宰相要小，但好歹也是宰相。在理論上，內閣還有拒絕執行皇帝命令的權力（稱為「封駁」）。而清朝呢？雖然也有內閣，但內閣的權力很小，只負責執行命令，權力比內閣更大的南書房或軍機處也只是皇帝的私人祕書處，他們是貫徹皇帝個人意志的工具，沒有以天下為己任來對抗皇帝的權力。

更可怕的是從雍正開始，清廷還使用了「祕密奏摺制度」。

清朝之前，官員給皇帝的報告啊！意見啊！稱為「奏章」，大部分奏章都對官員公開，比如：明朝，奏章先要提交內閣，然後由內閣再上奏給皇帝，所以奏章裡寫了什麼，內閣都知道。

雍正的時候，除了繼續使用公開的奏章，還廣泛使用祕密的「奏摺」。奏摺是清朝特有的東西，它是官員與皇帝之間交流的私人檔案，檔案內容是不公開的。

奏摺制度非常有利於皇帝控制群臣，透過奏摺，皇帝可以向不同大臣詢問同一件事情，比如：各地的災情、糧價、某些官員的行徑，被詢問的大臣不知道其他人在奏摺裡是怎麼向皇帝說的，所以誰也不敢撒謊，這樣皇帝就把群臣牢牢地掌握在了自己的手裡。雍正時，連地方的中層官員都可以上奏摺給皇帝，這就等於全國中層以上的官員都接受皇帝的直接領導，這皇帝的權力能不穩嗎？

明朝的皇帝為了擴張自己的權力，建立了錦衣衛、東廠這樣的特務機關來監督和懲治大臣；清朝的皇帝權力更大，他們卻用不著養特務機關，因為靠著奏摺制度，他們把全國大臣都變成提供情報的特務了。

和奏摺配套的，還有「朱批諭旨」。

明朝的皇帝要下一條命令，必須經過內閣票擬，也就是說，要先經過內閣的商議，這個過程是公開的。皇帝的命令發出後，還要交給六部一級一級地傳達下去，這個過程也是公開的。但是利用奏摺制度，清朝的皇帝直接在奏摺上寫上自己的批示、命令，發還給官員，過程是完全祕密的，除了皇帝和執行官員兩個人外，連中間的部門都懵然不知，換句話說，雍正以後的清朝皇帝，實行的是「祕密政治」，皇帝想做什麼可以完全隱祕，任何人都不知道。

我們來比較一下宋、明、清三朝的政治制度。在這三朝裡，宋朝因為極為尊重知識分子，皇權是最小的，皇帝想做點什麼都要和大臣商量。到了明朝的時候，皇帝不尊重知識分子了，可以隨便打官員的屁股，可以撤換內閣官員，基本上皇帝想做點什麼，內閣都得順著他，但是因為所有的命令都是公開的，所以皇帝還要承受官員的輿論壓力，如果皇帝的命令過於違反儒家道德，那會受到百官鋪天蓋地的聲討，集體辭職的威脅，所以明朝皇帝還是有不順心的時候。到了清朝呢？採取了祕密政治制度，也就根本不存在「輿論監督」了，皇權變得史無前例的大。南書房也好，軍機處也好，都絕對服從於皇帝，皇帝說什麼就是什麼，誰都不敢違背皇帝的意志。

可是我們說過，皇帝大權獨攬是有風險的。權力都在皇帝一個人的手裡，皇帝要是昏庸無能怎麼辦？皇帝大權獨攬也就意味著事必躬親，皇帝要是懶得管理朝政怎麼辦？當年朱元璋處心積慮地把大權都集中在皇帝的手裡，結果就是因爲他的子孫懶，又弄出了內閣、司禮監，朱元璋這不是白費力氣了嗎？尤其是雍正大規模使用祕密奏摺制度以後，全國那麼多官員都要向皇帝上奏摺，皇帝每天要批閱大量的文件，最慘的是爲了保密，連文件回覆都得自己親自寫，皇帝天天都要累瘋了，萬一有皇帝把筆一扔，不想做了怎麼辦？

爲了解決這個問題，清朝擁有中國歷史上最爲嚴酷的皇家教育制度，尤其是康熙以後，清朝的皇子從六歲就要開始讀書（康熙的皇子四、五歲就開始讀書）。幼年時每天上半天課，年長後每天要學習近十二小時。每天從凌晨五點就要起床讀書，一直學到下午四點，除了在特別熱的日子裡可以休息半天外，平時全天只能休息一、兩次，每次不能超過一刻鐘。一年的休息日只有五天，什麼端午、中秋、國慶、大、小連假都沒有，寒、暑假更是痴人說夢，甚至連除夕那天也只是提前放學，還不能全天休息，這樣的學習節奏要一直保持到結婚，通常是十五歲到二十歲。皇子一結婚就要搬出皇宮，到外面去住了，但還是得每天回來學習，只是稍微鬆懈一些，只上半天課。

學習的內容包括各種初、高級儒學課本、前輩皇帝編寫的教材；語言方面要學滿、蒙、漢三語（乾隆除了通曉滿、蒙、漢語外，還懂得維吾爾語和藏語）；藝術方面要學習書畫；體育方面要學習騎馬、射箭（康熙時還有游泳課），絕對的德智體全面發展。

常年嚴酷的教育，促使清朝的皇帝都十分勤政，比如：雍正登基後的作息：每天早晨四點多起床，讀書到七點吃早飯，吃完早飯見大臣到中午，下午開始批大量的奏摺直到深夜。而且當了皇帝就更沒有假期了，一年到頭天天如此，每天都累得吐血。再想想登基前的玩命學習，皇帝當到清朝皇帝這地步，除了對權力的瘋狂迷戀外，實在是沒什麼樂趣了。

四

光嚴格教育還不夠，再嚴格的教育也不能保證每一個學生都百分之百合格。每個人的天分、性格是天生的，教育不能完全彌補，就像在全國最好的明星學校裡，最好的師資力量下，也會冒出幾個學習困難的學生。清朝國運好壞全指望皇帝一個人的水準，要是用一個學習困難的人來當皇帝，這怎麼可以呢？所以在這一班學生裡，你不能說隨便選一個人當皇帝，還必須有一個選拔過程，必須擇優錄取。

在皇位繼承這件事上，什麼叫「擇優錄取」？「擇優錄取」就是「立賢不立長」，必須破壞「嫡長子繼承制」。可是我們說過「嫡長子繼承制」的好處是防止皇子內鬥，一旦破壞就會導致政局混亂，那清朝是怎麼解決皇子內鬥的問題呢？

一開始，清朝統治者沿襲原本的部落制度，沒有「嫡長子繼承制」，繼承人靠各部落貴族商議。後來皇權變大，權力集中在皇帝手裡，繼承制就變成了皇帝個人指定，讓誰繼承誰就繼承。

到了康熙這裡，康熙覺得不行，他覺得還是漢人的傳統制度好，還是得恢復「嫡長子繼承制」，於是康熙指定了嫡長子為太子。但是康熙忽視了一點：清朝皇權的過度增長，已經讓皇子們的競爭發生了質的改變。

皇位競爭是中國古代王朝最大的隱患之一，無論是皇子之間的競爭，還是皇帝死後旁人的篡位，在中國歷史上屢見不鮮，英明如漢武帝、唐太宗，晚年都遇到了皇子競爭引發的血案；開國雄主如秦始皇、趙匡胤、朱元璋，死後都遇到了旁人篡奪皇位的政變事件。

中國人之所以堅持「嫡長子繼承制」，就是寧可以「讓笨蛋當皇帝」的巨大代價，來盡可能減少這些內鬥。可是即便在「嫡長子繼承制」的約束下，皇子競爭還是無法徹底禁止，具體有兩種辦法：一是除掉太子。「嫡長子繼承制」雖然強制規定了誰當皇帝，但不是絕對不能改變的，只要把太子除掉，就有後面的人順序繼承了。搞倒太子的辦法又有很多，除了極端的肉體消滅外，最常用的手段是政治攻擊，誣陷太子吃喝嫖賭、試圖謀反之類，等著老皇帝廢掉他。消滅肉體和誣陷都有很多成功的先例：李世民用的是第一招，楊廣用的是第二招。二是在老皇帝去世的時候直接篡改皇帝的遺詔，因為大多數皇帝在下遺詔的時候已經病得沒有能力寫字了，他都是向身邊人口述遺詔，由身邊人替他寫下來，最後再蓋個章就行，所以理論上，老皇帝死的時候誰守在身邊，誰就有機會篡改遺詔。當然，如果老皇帝之前已經明確青睞太子了，要靠這招來改變繼承人那就太勉強了，但如果老皇帝之前的態度很曖昧，太子的競爭者也有相當的勢力，甚至還沒有確定誰是太子，改遺詔就很有用了。

在清朝之前，皇子內鬥的事時有發生，但由於各個權力機構之間的制衡，內鬥的情況不算太嚴重，還在國家能承受的範圍之內。

清朝的情況不一樣了，皇帝的權力變得史無前例地大。清朝的皇權最大，拚命搶皇位的人也就越多，皇子的爭鬥形勢要比前朝更加激烈。

更要命的，是高度集中的皇權有一個無法克服的弱點：皇帝總會死。

全國所有的權力都集中在皇帝一個人身上，在皇帝去世的一瞬間，這個權力也就隨之煙消雲散，出現了權力的真空期，這個時候的皇位，就與待宰的羔羊一樣，誰有能耐，誰就能坐上。

反觀宋朝和明朝，一部分國家權力掌握在文官的手裡，皇帝去世以後，國家就不會出現權力眞空期，這時候有人想篡位，會受到官僚系統的阻撓。拜「儒表法裡」所賜，這些官員起碼表面上要信奉儒家道德，遵守「嫡長子繼承制」，尊重先皇的遺囑，而且其中還有一些人是發自內心地信仰儒家禮制，眞心認爲繼承制度無比崇高，願意爲了維護它而犧牲自己、抵抗強權。

這些大臣手中又有著相當大的權力，所以有了他們，就可以保證「嫡長子繼承制」的順利進行。不單單是其他皇子奪權，什麼皇后啊！外戚啊！宦官奪權，一樣都沒有辦法成功。比如：明朝的泰昌帝駕崩後，有一個妃子挾持著年幼的皇太子躲在皇宮裡不出來，試圖利用皇太子謀取好處，結果是一群大臣衝進皇宮，把太子拽了出來，讓新皇帝順利繼位。後來魏忠賢權勢熏天，也是因爲有文官系統的制衡，在皇帝病危的時候，魏忠賢空有謀反之心卻沒有能力謀反，最後被新皇帝滅掉了。

清朝皇帝大權獨攬後，就沒有文官系統再幫他執行「嫡長子繼承制」了，相反地，文官都成了皇子們的附庸，他們知道只要跟對了主子，將來就可以飛黃騰達。所以康熙時，太子和其他皇子身邊老早就圍上了一圈大臣，他們就等著康熙去世，一擁而上搶皇位。

另外，因爲清朝對皇帝個人能力要求極高，老皇帝在太子登基之前，就要讓他積極參與政治，幫他培植勢力，否則像唐朝的李治那樣，弄了一個沒有勢力的軟弱皇帝上臺，大權就可能落到武則天那樣的人手裡了。可是這麼一來，也就增加了太子的政治實力，一則容易讓太子驕傲自滿，二則過大的實力反倒會威脅父皇的地位。

康熙晚年就面臨著這樣的困境：太子勢力太大，威脅到了康熙，皇子之間的爭鬥又讓他惱恨。為此，康熙兩次廢掉太子，把晚年的政局弄得一塌糊塗。直到最後，康熙一直沒有確定太子是誰，只是到臨終時才下遺詔傳位給四子，也就是後來的雍正。

因為康熙傳位倉促，當時就出現了各種市井傳說，說康熙其實不想傳位給雍正，其中最著名的說法，是說康熙原本的遺詔寫的是「傳位十四子」，結果被人把「十」字改成了「于」字，變成了「傳位于四子」。

這個說法是不成立的，因為當時的遺詔是用漢、滿、蒙三種語言寫成，漢文改了，滿文、蒙文怎麼辦？而且作介詞「給」的時候，寫作「於」，不可能從「十」字改過來，再加上其他證據，現在的歷史學家普遍認為，雍正並不是篡位。

不過這類說法在當時很流行，為雍正帶來了很大的苦惱，雍正本人也的確是經過殘酷的爭鬥才得到皇位，對皇子內鬥深有體會。有了這些教訓，經過謹慎的考慮，雍正設計了「祕密立儲制度」。

具體的做法，是皇位繼承不再遵守「嫡長子繼承制度」，只憑皇帝個人選擇。這個選擇在皇帝生前是不公開的，皇帝當著王公大臣的面，把寫有傳位人名字的聖旨放到密封的盒子裡，把盒子放到乾清宮「正大光明」匾的後面，等到皇帝去世以後再當眾打開宣讀。爲了防止聖旨被篡改或者意外丟失，還寫了一封一模一樣的聖旨，藏到圓明園內（乾隆是隨身攜帶）。

在傳統的繼承制下，太子早已被確立，他也就成了其他皇子的眾矢之的，是各種汙蔑、陰謀的中心，太子爲了自保，也要想辦法培植勢力，甚至搶先出手，除掉下一個順位繼承人，皇子之間的敵對關係是十分明顯的。

在祕密立儲制度下呢？一個皇帝有數個乃至數十個皇子，到底誰是繼承人，大家只能猜，皇子之間互相攻擊也就缺少了明確目標，你也不知道誰是自己的競爭者，陷害所有的兄弟、到處樹敵也不是辦法，所以皇子最好的競爭方式，是老老實實做好自己那點事，討父皇的喜歡而不是攻擊別人，這樣就把皇子之間的內鬥減少到最低限度。

其他的好處還有很多：太子本人不知道自己被選中了，所以不會驕傲自大，去威脅父皇，更沒有理由去謀殺父皇及早奪位。群臣也不會過早地攀附在太子身邊鑽營巴結。老皇帝本人也自由了很多，發現接班人不妥可以隨時撤換，反正群臣只知道皇帝換了道聖旨，也不知道具體是誰換成誰了，對朝政不會有影響。

這套制度還能防止僞造遺詔。過去的遺詔是皇帝臨終時委託身邊人寫的，想要僞造遺詔太容易了。在祕密立儲制度下，兩份詔書都是皇帝親筆寫成，就沒法僞造了。更重要的，是「祕密立儲制」打破了「嫡長子繼承制」，改成了「立賢不立長」，這對於看重皇帝個人能力的清朝極爲重要。

總而言之，「祕密立儲制」是一個在「立賢不立長」的原則下，把皇子內鬥降低到最小程度的聰明制度。從雍正以後，清朝一直使用這套制度，只是到了後來，清朝的皇帝要麼只有獨子，要麼連皇子都沒有，這套制度也就沒有意義了。

然而祕密立儲制度也有缺點。在這個制度下，立誰爲太子只憑皇帝一己喜好，皇子們只需要討好父皇就行。因爲這個原因，清朝的皇帝大多拘謹、保守，只知道一味順從父輩的指示，不知道開創新的局面，典型的如乾隆的兒子嘉慶。乾隆是中國歷史上少有的高壽皇帝，活了八十九歲，所以嘉慶的考察期就特別長，三十五歲才當上皇帝。在三十多年的漫長時間裡，嘉慶一直以皇子的身分默默討好父皇。漫長的考察期，最後塑造了嘉慶保守、不敢變革的性格。

從王朝的穩定性而言，皇帝保守並非是壞事，歷史上很多王朝都亡在了胡亂變革上，問題是到了乾隆晚年，清朝已經由盛轉衰，社會問題層出不窮，又遇到西方資本主義崛起，中、西衝突加劇，嘉慶正處在一個不變不行的關鍵時代，但嘉慶以及之後各位清朝皇帝的保守性格，葬送了大清王朝最後的機會。

五

作為中國最後一個王朝，清朝集歷代統治經驗之大成，建立了一套有史以來最為完善的獨裁制度，清朝皇帝的權力是中國歷史上最大的，清朝的統治也是有史以來最穩定的。古代的學者，包括現代的很多歷史學家，都把人口數量當成古代經濟水準的標誌。在清朝之前，中國歷代王朝的人口上限是一億左右，到了乾隆末期，人口達到了三億，以這個標準來看，清朝的文治是中國歷史上最成功的。

談到漢、唐盛世的時候，我們對漢武帝、唐太宗開疆拓土的事蹟津津樂道，殊不知，清朝的疆域是中國歷史上除了元朝外最大的，中國的東三省、西藏、臺灣，以及蒙古都囊括在清朝的疆域之內。曾經驍勇一時、入侵過中原的周邊各民族也都陸續歸順了清政府；一些之前王朝控制得不穩的地區，被清朝牢牢掌握。從這個角度上來看，清朝的武功也是非常卓越的。

那我們能不能說，清朝是中國歷史上最成功的王朝呢？

對於統治者來說，是的；對於老百姓來說，可就不是了。中國歷朝歷代的政治家不斷地嘗試和努力，他們的目標是建立一個最爲穩定的政治制度，到了清朝這裡，可算是努力成功了。但普通的老百姓可不懂什麼國家大事，他們想要的就是能吃飽飯，能有人身安全，如果再少做點工作、多賺點錢，生活多一些娛樂，那就更好了，可是統治者不在乎。

中國的皇帝們天天說「水能載舟，亦能覆舟」，說得好像很看重百姓一樣，但他們眞正在乎的其實只是「舟」，水在他們眼裡不過是載舟的工具，水只要老老實實的不掀起大浪就好，誰又會去在乎水高興不高興？

清朝的人口達到了歷史頂峰，可是糧食產量沒有等比例的上升。人口多了，人均糧食卻少了，老百姓更窮了。在乾隆末年，英國使者在中國見到的是觸目驚心的饑饉和貧困，「康雍乾盛世」下的老百姓，過的是飢餓、野蠻、如乞丐一般的生活，這樣的王朝縱然有著遼闊的疆土和堆積如山的金銀，卻和老百姓沒有半點關係。

清朝的皇帝有著近乎無限的權力，可是他們只把這些權力用來強化自己的統治，其中最引人注目的就是「文字獄」。

所謂「文字獄」，就是因言定罪，因爲讀書人寫了不該寫的字，就把他抓起來。這種事，歷朝歷代的統治者都巴不得做——要是全天下人都說皇帝的好話，這王朝多容易統治呀！可是大部分王朝都弄不出大規模的文字獄，因爲皇帝身邊的官員也是讀書人，哪個讀書人會同意這種人人自危的政治迫害呢？只有在皇權特別特別強大，皇帝可以隨便處置官員的時代，才可能冒出大型文字獄，比如：秦始皇、朱元璋的時候，再來就是清朝。

秦始皇有著名的「焚書坑儒」，但前面說了，規模其實不大，朱元璋時文字獄牽連極廣，但好在只有他一人。大規模的、長期的、成系統的文字獄，只發生在清朝。

清軍剛打下中國的時候，清朝統治者就開始對文人開刀，其中一件是順治時的「科場案」。

有一次，有人在江南地區的科舉考試中作弊被抓住，因爲江南文人勢力最大，最不順從清朝的統治，因此清廷以此爲藉口，狠查嚴打，最終把涉事的考官、中舉的學子幾十人全部問斬，牽涉其中的數百人流放至黑龍江。

這什麼意思呢？這相當於學測或指考的時候，出題老師有舞弊行爲被查了出來，結果出題老師、監考老師、巡堂老師，反正是和這事有點牽連的，再加上考生本人，一律拉到刑場上槍斃，家產全部沒收，所有人的親戚都流放到邊疆做苦工，剩下那些沾點邊的老師、學生，也一律沒收家產，全家去做苦工。

文字獄眞正的高潮，發生在康熙、雍正、乾隆三朝，這三朝文字獄的特點是：捕風捉影、處罰極重、牽連極廣。

先說捕風捉影。古人寫字的規矩很多，有一條規矩是要避諱長輩、皇帝的名字，比如：康熙名叫「玄燁」，「玄」和「燁」兩個字就不能寫出來，眞需要這兩個字的時候怎麼辦呢？可以用代替法，比如把「玄」字寫成「元」字。乾隆的時候，有個書生編了一本字典，在這本字典裡，他要教讀者怎麼用代替法來避諱君主的名字，其中就列舉了「玄」、「燁」等字該用什麼字來替換。他所介紹的這些方法，都是清政府官方的規定，是完全合法的，可是，他在舉例子的時候還是得寫上「玄」、「燁」等字，這不也犯忌諱嗎？於是作者用了另一種避諱方法——缺筆法，也就是寫「玄」、「燁」等字的時候少寫一劃，這也是當時慣用的避諱方式。

結果乾隆說什麼呢？他說這個作者太可恨了，避諱「玄」、「燁」等字的時候，應該用「拆字法」，把一個字拆成好幾個字寫，用「缺筆法」不夠尊敬！就因爲這點小事，以及書裡其他一些類似的格式小錯誤，這本書的作者被「從寬」處罰——斬首（不從寬就是凌遲），子孫七人斬首，妻子、幼孫等家人發配為奴。更慘的是一開始負責查辦此案的官員，被乾隆認為查辦不力，「從寬」斬首；之前見過這本書的官員因為沒有檢舉，革職交刑部查辦；還有上上下下牽扯到的地方官什麼的，一律受到處罰。

那你說，好吧，這些避諱的字我一輩子都不碰了，可不可以？

這想法是很好的，但不單單是清廷規定的那些避諱字眼，其他一些敏感字最好也不要碰，比如：「清」字和「明」字。有人寫詩「一把心腸論濁清」，對不起，有罪。乾隆批示說：此人敢把「濁」字放到大清的國號前面，「是何肺腑？」

光避開「清」字和「明」字，也不夠安全。

「千秋臣子心，一朝日月天」，有罪，因為「日」和「月」加在一起就是「明」，這首詩是在懷念前朝，其心可誅。

為自己的詩集取名《憶鳴詩集》，有罪，因為「鳴」與「明」諧音，「憶鳴」諧音「憶明」。

就連私下的文字也不能倖免。有人為朋友寫了篇祝壽文，內有「創大業於河南」的字句，這是一句很常見的吉祥話，類似於「財源廣進達三江」之類，結果被官府認為有謀反之心。因為這事，這人的住宅被官府搜查，又被發現了一本被查禁的禁書，又發現這人在《後漢書》的「文籍雖滿腹，不如一囊錢」的牢騷話上多加圈點。這全都是些雞毛蒜皮的小事，哪個文人平時不說句牢騷話呢？清廷禁書目錄那麼長，誰沒看過其中的一兩本呢？結果就因爲這些罪名，當事人判凌遲、弟弟斬首，妻子、兒女給功臣爲奴。

再說文字獄的牽連之廣，刑法之重。

這一點，單看康熙初年由鰲拜主審的「明史案」就可以了。清朝初年浙江有一個叫做莊廷鑨的富商，他想寫本史書青史留名，但是程度不夠，於是他購買了一本《明史》手稿，又聘請十幾名學者進行潤色增補，書寫成後，署上自己的名字出版。這是一本倉促拼湊出來的書，史學價値並不高，但是其中有些內容犯了清廷的忌諱。處理結果是出錢資助者、作序者（其實是他人代序，他只是署名）、參與修訂者凌遲，已死的開棺戮屍，這些人的子嗣斬首，家人、弟子一部分斬首，其餘流放。

還有初審此案的官員、地方官、教育部門官員，以「知情不報」的罪名，要麼斬首、要麼絞刑。更恐怖的，是替這本書刻字的工人、賣這書的書店老闆，甚至買了這本書的顧客，竟然也都被判處斬首。

其餘的文字獄也是類似，雖然不至於把老闆、顧客都殺掉，但牽連範圍也很廣，基本上爲書作序的人，看過書的人，地方官員都會安個「知情不報」的罪名，處罰太輕的官員也都會背上「爲犯人開脫」的罪名。

清廷爲什麼要如此瘋狂呢？清朝的皇帝們眞以爲文人沒有避諱幾個字，私下發發牢騷會動搖大清的根本嗎？

不是的，清朝前期的皇帝一個比一個精，他們不會有這麼單純的想法。清朝的皇帝們並不是要懲治所有在文字上犯錯的人，眞要這麼做，天下的讀書人早就被殺光了。清廷是要造成這樣的效果：讓天下的讀書人都知道，只要皇帝願意，可以隨時找個罪名讓你家破人亡。至於這罪名找不找，什麼時候找，就全憑皇帝一個人的喜好了。

換句話說，清廷是要全天下的讀書人隨時生活在恐懼之中，不敢亂寫亂動，只有他們打從心底害怕了，這江山才眞的穩固。大興文字獄後，清朝的讀書人失去了獨立思考的勇氣，紛紛轉向翻舊書堆、考據字音字義的「小學」。

還有更狠的。

宋朝以後，很多王朝都會籌組龐大的人力、物力編纂「類書」。所謂「類書」，有點像是「圖書資料彙編」，就是從當時能見到的各種圖書中篩選篇章，把它們按照一定的分類編在一起。編纂類書是一個巨大的工程，也就成了皇帝治世有方、文化昌明的標誌。乾隆特別好大喜功，他自然不會放過這個標榜自己的機會。類書是書籍摘抄，只抄錄書籍的片段，乾隆覺得這麼做不過癮，要做就做大的，乾脆把每本書的全文都保存下來，做成一部「天下圖書大全」，這就是後來的《四庫全書》。這種收錄全文的書就不是類書了，稱為「叢書」。

一開始，乾隆擺出一副求知若渴的姿態，他以編纂《四庫全書》的名義要求全國各地，尤其是江南的讀書人、藏書人把所有的圖書都交出來供編輯人員參閱，而且是「借抄」，不是收繳，原書還是要還回去的，還特別聲明就算是違禁書籍也沒有關係，獻出來的人一律無罪。

過了一段時間，乾隆檢查收上來的書籍，發現其中違禁的內容太少了。這時他有點不耐煩了，三令五申訓斥地方官員怎麼禁書這麼少？還公開懲辦查書不力的官員。官員們這才明白過來皇上是什麼意思：喔！原來您不是想要好書，您是想要查禁書啊！您倒是早說啊！

各地官員立刻馬力全開，到處搜刮書籍，借著徵收書籍的名目，查到了大量禁書。其中一些押送到首都，由皇帝和他的參謀們親自審閱，其餘的就地銷毀。在編纂《四庫全書》的過程中，毀書高達一萬多卷，對中華文明帶來了巨大的災難。

更可怕的，是清廷在《四庫全書》裡任意修改文字。過去人們編的類書，都儘量忠於原文，保持書籍原貌，這是最基本的學術道德，但清廷為了「正人心」的需要，把《四庫全書》覺得「悖逆」的文字隨意修改，而且這些修改還不標明出處，讓不明就裡的人讀了，還以爲原著就是這麼寫的，這是極無廉恥又極陰狠的招數。你毀書、禁書，後人根據歷史的隻言片語還可以大致猜出你禁的是什麼，而悄無聲息的改書，是要讓後世學者在毫不知情的情況下接受被篡改的歷史，對文明的損害不可估量。

話說一百多年後，英國作家喬治·歐威爾創作了著名的反烏托邦小說《一九八四》。小說主角在一個名爲「眞理部」的機構裡工作，工作內容是透過刪改報刊、書籍和文獻來更改歷史，小說中還有一句名言：「誰控制了歷史，誰就控制了未來。」小說出版後，在西方引起了巨大轟動，大家都盛讚小說作者的創意了不起——其實你看，這都是中國老祖宗玩剩下的把戲啦！

《四庫全書》一共抄寫了七部，其中四部放在瀋陽故宮、北京故宮、承德避暑山莊和圓明園，這幾個地方都是清朝皇帝的住處，是皇帝常待的地方，書得先給皇帝看，這是自然的，當然，老百姓是看不到這四套書的。

那剩下的三套《四庫全書》在哪呢？全都放在文人最多、抗清意識最濃厚的江南地區，而且向全社會公開，歡迎各界學者免費閱讀。

乾隆的用意，不言而喻。

六

從集團統治的穩定性上說，清朝的確是中國歷史上最成功的朝代，它甚至做到了禁錮言論、禁錮思想，讓全國讀書人噤若寒蟬。然而，清朝還是無法解決古代政治的那幾樣痼疾：人口增長、土地兼併、貪汙腐化。

到了乾隆末年，人口達到了三億，這麼高的人口數量，一部分要歸功於一系列高產量作物——玉米、地瓜、馬鈴薯、花生、向日葵的傳入。這些作物在明朝末年隨著海外貿易進入中國，到了清朝時真正在中國普及。玉米、地瓜、馬鈴薯和花生都是耐旱的高產量作物，可以種植在貧瘠的山地和沙地裡，大大增加了糧食的產量，也就增加了中國大地可以承受的人口上限。

可是即便有了這些耐旱作物，乾隆末年的人口增長也已經到了極限，百姓的生活水準不斷降低，越來越多的人吃不飽飯，大量百姓變成流民。在乾隆晚年時，中國各地已經是造反不斷。從此以後，清廷每年都要花費大量的金錢鎮壓民變，錢越花越多，民變卻越鎮壓越厲害，這種亂局一直持續到清朝末年爆發的太平天國運動。

這一次，清廷一度被太平軍占領了半壁江山。雖然最後勉強平定戰亂，但在國內留下了大量軍閥，實際上已經失去了對中國南方的統治。按照歷史規律，清朝最後會像唐朝末年那樣，被遍地而起的軍閥滅亡。

但歷史派來更厲害的敵人給他：

乾隆十七年，美國人富蘭克林冒著生命危險，利用風箏捕捉到了電。

乾隆三十年，英國人發明了「珍妮紡織機」，開啟了工業革命的序幕。

乾隆四十一年，英國人瓦特發明了蒸汽機；同一年，美國人發表《獨立宣言》，美國宣告獨立。

乾隆五十四年，法國爆發法國大革命，巴黎市民攻占了巴士底監獄。

乾隆五十八年，英國使團訪華，他們爲乾隆帶來了當時最先進的科技產品：天文機械、地球儀、馬表、凸透鏡、氣壓計、望遠鏡、蒸汽機、珍妮紡織機、印刷機，最先進的戰艦模型、火車模型、榴彈炮、迫擊炮、卡賓槍、步槍和連發手槍——這麼說吧！假如當時的清政府想派個間諜到英國竊取科技情報，他想要的東西基本上都在這裡了。

乾隆皇帝對此的批示是：「單內所載物件，俱不免張大其詞，此蓋由夷性見小，自爲獨得之祕，以誇炫其製造之精奇」、「至爾國所貢之物，天朝原亦有之」——你們這些破玩意，我們國家有的是！

就在乾隆過著他輝煌一生的時候，就在他得意洋洋地以為大清國天下第一的時候，西方國家接二連三地爆發工業革命、民權民主革命，正以飛一般的速度趕超中國。

乾隆去世僅僅四十年後，鴉片戰爭的炮彈便炸醒了大清的美夢，一個中國歷代帝王做夢都沒有想過的新時代，到來了。

博雅文庫 251

RW0B

哇，歷史原來可以這樣學2——隋朝到清朝盛世

作　　者　林欣浩
發 行 人　楊榮川
總 經 理　楊士清
總 編 輯　楊秀麗
主　　編　蔡宗沂
責任編輯　蔡宗沂
封面設計　王麗娟
出 版 者　五南圖書出版股份有限公司
地　　址　106台北市大安區和平東路二段339號4樓
電　　話　(02)2705-5066
傳　　眞　(02)2706-6100
劃撥帳號　01068953
戶　　名　五南圖書出版股份有限公司
網　　址　https://www.wunan.com.tw
電子郵件　wunan@wunan.com.tw
法律顧問　林勝安律師事務所 林勝安律師
出版日期　2021年 7 月初版一刷
定　　價　新臺幣320元

本書爲四川少年兒童出版社授權五南圖書出版股份有限公司在臺灣出版發行繁體字版本。

國家圖書館出版品預行編目資料

哇，歷史原來可以這樣學. 2, 隋朝到清朝盛世／林欣浩著. -- 初版. -- 臺北市 : 五南圖書出版股份有限公司, 2021.07
面； 公分
ISBN 978-986-522-775-3（平裝）

1.中國史　2.歷史故事

610.9　　110007187